U0796535

从马达加斯加到冰川极地

铁皮人科技◎编著

海峡出版发行集团 | 福建科学技术出版社
THE STRAITS PUBLISHING & DISTRIBUTING GROUP | FUJIAN SCIENCE & TECHNOLOGY PUBLISHING HOUSE

从马达加斯加到冰川极地

目录

岛屿篇 被时间遗忘的乐园

目录

极地篇 冰雪世界的传奇

岛屿篇

被时间遗忘的乐园

12月2日　星期日　晴

从冬天到夏天

虽然早有准备，可是来**马达加斯加**还真不容易，光是乘飞机就花了好久好久……不过，在我们终于踏上了马达加斯加土地的时候，我的心情又开始激动起来。一想到即将在这里看到课本上介绍的那些奇特的马达加斯加动物，我不禁兴奋得想跳起来。

只是没想到，刚走进马达加斯加的首都塔那那利佛市的机场航站楼，我就

被热得满头大汗。离开中国的时候我还穿着厚厚的毛衣呢，那里正是冬天。

走出行李大厅出口，外面炙热的阳光很快让我汗流浃背。我急忙把毛衣（外套在飞机上就已经脱了）脱掉，只穿一件单衣，这下凉爽了不少。爸爸看着满脸通红的我，又好气又好笑地说：“我可是提醒过你不用穿那么多的哦，马达加斯加现在可是夏天，知道热了吧？”我吐吐舌头，抹去额头上的汗水，将爸爸给我买的饮料一饮而尽，这才满足地嘘了一口气。

地球的自转轴和它的公转轨道平面不是垂直的，这就使得地球接受太阳光照射的角度不断变化，南北半球得到的热量也就有了差异。夏至那天，太阳光直射点在北回归线附近，北半球获得的热量最多，是夏季；而此时南半球获得的热量最少，是冬季。之后，太阳直射点又往南移动，冬至那天移动到南回归线附近，这时南半球获得的热量最多，是夏季；而北半球获得的热量最少，是冬季。

可是，为什么我们离开**北半球**时是冬天，这里却是夏天呢？

卡特安博士安排雷蒙哥哥来接我和爸爸。雷蒙哥哥是英国人，他曾是卡特安博士的学生，也认识爸爸，现在主要在岛上从事生物学研究和环境保护工作（说起来，算是爸爸的同行哦）。虽然他不是本地人，可是他已经在马达加斯加工作和生活了很长一段时间，所以对这里很熟悉。

雷蒙哥哥让我们在塔那那利佛稍微休整一下，之后带我们在这座美丽的城市观光了一番。这里有很多美丽的房子——白色的外墙、漂亮的阳台。其中，一些房子显得很特别：它们大多是两层的楼房，地基起得很高，房顶又高又尖，外墙被涂成各种鲜艳的颜色。比如说，有的房子的外墙上半部分是粉红色，而下半部分则是天蓝色；也有些房子的外墙被整个涂成大红色或者草绿色。整个街区五颜六色，**绚丽缤纷**，让人大饱眼福。

雷蒙哥哥介绍说，岛上住着不同民族的人，这些房子的风格和马

来西亚人**聚居区**的房子风格很相似，和非洲本地居民的房子风格有差异。

雷蒙哥哥简单地介绍了马达加斯加各民族的历史，让我对生活在这里的人们又多了一些了解。这个世界上有许许多多的民族，每个民族都有自己独一无二的历史，如果要一一了解，恐怕三天三夜也了解不完吧！

目前，马达加斯加共有18个民族。居住在中部高原地区的各部族祖先来自亚洲；居住在西部沿海朝向非洲大陆一边的是非洲的移民；而居住在其他沿海地区的各部族则带有一部分阿拉伯人的外貌特征。

12月3日 星期一 多云

会“换装”的小动物

今天早上一醒来，我就被窗台上的一个家伙吓了一跳。它全身是绿色的，长着四条腿，拖着一条长长的尾巴。也许它也被我吓了一跳吧，因为一刹那，它扭过头打量了我。

我赶快叫来爸爸，可是等爸爸赶到窗台前，却找不到它了。难道它跑掉了？

爸爸仔细看了看窗台周围，在树枝上发现了它的踪迹。只是这时候，它全身变成了淡褐色，不注意看还发现不了它呢。爸爸伸手抓住它，对我说：“小文，我请这只小动物给你变个戏法。”爸爸把它放到一个橙色的桶里，令人惊讶的事情发生了：不一会儿，这个家伙就变成了橙色。

我立刻猜到，这个家伙一定就是大名

变色龙的表皮上有一个变幻无穷的“色彩仓库”，一旦周围的光线、湿度和温度发生了变化，变色龙的情绪发生改变，或受到刺激，皮肤表面的特殊细胞就会发生变化，使不同波长的光被反射出来，这时变色龙就会像变魔术一样变换身体的颜色。这也是它的名字“变色龙”的由来。

鼎鼎的**变色龙**了。

“它的两只眼睛可以分别注视不同的方向，便于它更敏锐地发现猎物和危险。它捕食的速度更是快得惊人，只需 0.04 秒就能完成。”爸爸拿起这只变色龙看了看，继续说道，“这可是一只难得一见的豹纹变色龙。哈哈，是很了不起的发现！”说完，爸爸仔细地观察着这个家伙，拿出笔记本，开始忘我地做起了记录。

一切完毕后，爸爸轻轻地将它放到树枝上。片刻，变色龙又换回了淡褐色。我觉得很有趣，就问爸爸:“还有没有其他**会换装的动物**呢？”

“会换装的动物嘛……”爸爸思考了一下，“有一个很厉害的家伙，它不但可以改变身体的颜色，还是动物界的‘**伪装大师**’呢。走吧，

我们去看一看，运气好的话，说不定能看到它。”

爸爸带我来到树林里，在树干上、落叶堆里和岩石上仔细找了起来。过了一会儿，听到他说“找到了”，我连忙跑了过去。爸爸指着一堆树叶对我说：“你要非常仔细观察才能发现哦。”

在爸爸的提醒下，我将那堆树叶瞧了一遍又一遍，可还是没看出来那里有什么动物。爸爸找来一根小树枝，轻轻拍了拍那堆树叶周围的地面，竟然有一片“叶子”动了，然后迅速地钻进了枯叶堆的深处。

那个也是变色龙吗？可它跑得也太快了，我还没看清楚呢。我扒开枯叶，但还是没再看到那个家伙的影子，不禁有些遗憾。

爸爸告诉我，那是一只**叶尾壁虎**，光看它的外形，极容易把它当成一片被昆虫咬食过的枯叶。它趴在树干上时，看起来就像一块干枯的树皮，肉眼几乎难以分辨。难怪爸爸说它是“伪装大师”！

爸爸说，马达加斯加是世界上拥有爬行类生物最多的地方。在接下来的日子里，也许我们还能有新的发现呢！

叶尾壁虎，眼角上方有突触，形似“睫毛”；尾部酷似被昆虫咬食过的枯叶，因而得名。它主要分布于非洲马达加斯加中部偏东地区，平时栖息于树上，喜食昆虫，体长 8～30 厘米。

12月4日　星期二　晴

树中的“大胖子”和驼背的牛

今天，我们驱车往西，前往**贝马拉哈**自然保护区。雷蒙哥哥已经提前在那附近为我们联系好了住的地方。

“这里有一种特别的树。”雷蒙哥哥提醒我说，“待会儿经过的时候，你可以猜一猜我说的是哪种树。”爸爸赞同地点点头：“考考你的观察力。”

究竟怎样才算特别？一开始，我脑子里还没有什么概念。等我看到

> 猴面包树，也叫“大胖子树”“树中之象”，因为它看上去活像个大胖子。它属于落叶高大乔木，是地球上古老而独特的树种之一。寿命可以长达 5000 岁，是名副其实的“寿星”。茎干极粗大，胸径可达 15 米。果实是猴子、猩猩等动物最喜欢的美味，因而得名。

一些粗粗的、圆圆的，远远看去像巨型胡萝卜的树之后，我一下子就猜到，一定就是它们了。这些树比一般的树高一些、壮一些，简直就是树中的大胖子，一眼就能把它们和其他树区分开来。

我指着它们问是不是，雷蒙哥哥笑着点头说：“是的。它们叫做**‘猴面包树’**。”

雷蒙哥哥说，它们比一般树要粗很多，就像是树中的大胖子，所以它们又被称为“大胖子树”。为了满足我的好奇心，雷蒙哥哥将车停了下来，让我可以就近观察这些奇特的树。

真正走近它们，才知道“大胖子树”的名字真是太贴切了。

“别看它们这么胖，其实它们的肚子里面软

软的，像海绵一样，所以这种树不能被当成木料来使用。”爸爸轻轻拍了拍一棵树，仰起头观察它的高度。

“那它能够用来做什么呢？”我问。

“用处可大啦。”雷蒙哥哥笑着回答，“雨季的时候，它们长出的长叶子是当地人美味的蔬菜，尤其是嫩叶做出来的汤，味道别提有多棒了。而且，它们的叶片晒干捣碎后，是非常不错的调料。它们还是这里的人们用来医治疟疾的良药。盖房子的时候，人们揭两块树皮回去盖上，就是天然的屋顶……不过，它们最重要的作用，还是蓄水。”

雷蒙哥哥走到我身边，指着猴面包树树皮上**坑坑洼洼**的伤痕说：“这些都是在旱季的时候，人们凿树取水留下来的。”他还指着一棵钉了一排排钉子的猴面包树告诉我们：“以前，每当果实成熟的时候，有人就会沿着这些钉子爬到树上去摘果子吃（果肉酸酸的，很好吃）。现在，当地政府已经把猴面包树当成珍贵的自然资源加以保护，所以居民们都不再凿树取水，也很少会爬到树上摘果子了。”

我们正说着话，一辆牛车从我们身边慢吞吞地经过。牛车当然没什么特别，不过拉车的牛却显得很奇特——它的其他地方都和普通的牛没什么两样，只是颈背间有一处高高的隆起，像肿了个大包一样。看出我眼里的疑惑，爸爸解释说：“这种牛叫做‘**驼峰牛**’，它背上的‘包’和骆驼的驼峰作用差不多，在草料充足的雨季被用来储存脂肪，以便度过草料匮乏的旱季。”

驼峰牛，因为其颈背之间有驼峰一样隆起的包而得名。驼峰牛是马达加斯加最为常见的一种牛，据说十头牛中有九头就是驼峰牛。这种牛善走、耐渴，加上有“驼峰”，常被当地人用来拉车。在马达加斯加，牛是财富的象征，也是国家的标志之一。

我还以为只有骆驼才有驼峰呢！原来，牛也会长“驼峰”啊——看来我太**孤陋寡闻**了。我赶快拿起相机，把这些有趣的动植物都记录下来。看来，今天我的收获又不小啦！

12月5日　星期三　晴

探索石林

今天，我们来到了贝马拉哈自然保护区。它位于塔那那利佛以西约300千米处，面积1520平方千米，那里生活着各种各样奇特的动植物。

虽然现在并不是到贝马拉哈自然保护区考察的最佳季节，但这几天天气都很不错，特别是今天，早上起来连云彩都看不到多少，应该是个晴朗的好日子。爸爸当然不会放弃这样一个观察动物的好机会，所以一大早，我们就整装出发了。

雷蒙哥哥将我们带到保护区东南部的石林里。不看不知道，一看吓一跳。呵，好大好壮观的一片石林啊！一根根尖利的石笋像针一样

直指天空，连成**无边无际**的一片，像一座堡垒，也像一座由刀刃组成的迷宫。在这灰白的迷宫里，偶尔有一点绿色探出头来，那是生长在石林缝隙中的植物。

雷蒙哥哥介绍说，这就是贝马拉哈最著名的自然景观之一——“**钦基**”了。在当地语言里，“钦基”的意思是“人无法赤足行走的地方”。

雷蒙哥哥说，这石林就像一排排公寓大楼，为各种各样的生物提供庇护。直到现在，仍陆续有新的物种在这里被

“钦基”是一种喀斯特地貌，又称岩溶地貌，由石灰岩组成。石灰岩是一种可溶性岩石。当雨水、河水、地下水等具有溶蚀力的水渗入石灰岩床，石灰岩慢慢地就会形成缝隙、洞穴或坑道。天长日久，缝隙或坑道会越来越大，最终变成沟壑纵横的岩石组群，也就是我们所说的“石林”。

发现。我和雷蒙哥哥正交谈着，爸爸示意我们安静下来。只见他拿起相机小心翼翼地凑到某块石头前面，轻轻按下快门。我一看，原来那里趴着一只小小的**蜥蜴**。

“这只蜥蜴的花纹很特别，外形也和我研究过的蜥蜴有所不同，也许这是一个新的物种！”爸爸边记边说，高兴得眉飞色舞，“这一趟没白来！”

太阳渐渐升到正空，天气热了起来，于是我们躲进了阴凉的石缝中。和站在上面看到的石林不一样，这里看到的是另外一个世界:岩石壁上

非洲黑鹦鹉

非洲黑鹦鹉，又名“小瓦沙鹦鹉”“小马岛鹦鹉”，主要生活在马达加斯加岛的西南部和东部的森林区、红树林区、沼泽区等。身体是黑棕色的，鸟喙也是黑色的；尾羽有不同程度的灰色斑纹；眼睛外圈有一圈灰色。它们主要以各式种子、浆果和花朵为食，常常组成小群体进行活动。

有一些孔洞，蜜蜂来来回回忙碌着，大概里面有它们的巢穴吧。各种植物的根须向岩石深处伸展，留下盘根错节的纹路。随便掀开一块松动的石头，都能发现下面栖息着一些蜗牛、蟋蟀或别的昆虫……

突然，一只鸟儿出现在不远处的枝头上。它停在一朵花旁，全身黑黑的。我开始以为那是乌鸦，可是仔细看又觉得和乌鸦不一样，于是我问爸爸。爸爸仔细观察以后告诉我，那是**非洲黑鹦鹉**，看它弯弯的嘴就知道了。

我见过鹦鹉很多次了，可黑色的鹦鹉我还是头一回见呢。我赶快拿起相机拍照。可惜距离不够近，拍得有些模糊。爸爸见我对鹦鹉很感兴趣，便又向我多做了一些介绍。爸爸说，在马达加斯加岛上还有一种非常奇特的鹦鹉，叫做**马岛鹦鹉**，长相酷似乌鸦和鸽子的综合体。

马岛鹦鹉，又名“大瓦沙鹦鹉”，主要栖息在马达加斯加岛的东部。它们的奇特之处在于它们的一些生活习惯和爬行动物很类似，比如生殖习性、孵卵习性等，还酷爱洗水浴、泥沙浴。它们的存在，是生物学家关于“鸟类是从爬行动物进化而来的”这种推断的一个证明。

今天，我不仅明白了喀斯特地貌形成的原因，还对鹦鹉这样的鸟类有了进一步的了解。嘿嘿，不止是爸爸有收获，我的收获也不少哦！

12月6日 星期四 晴

慢动作的乌龟

爸爸总是嫌我慢吞吞，因为每次我们要动身出发去野外，他都比我后开始准备，却总是比我先准备好。虽然我不服气，可是和爸爸麻利的动作比起来，我的确是“**慢动作**”。不过，我可不觉得慢动作有什么不好。就比如说今天吧，要不是因为我的慢动作，我们就又少了一个重大发现呢！

故事里，有个家伙和兔子赛跑并赢得了比赛，但如果真的把它和兔子弄到一块赛跑的话，肯定是这个家伙输。知道我说的是什么动物吗？不错，是乌龟。

事情的经过是这样的：今天爸爸照例带着我去野外考察。爸爸和雷蒙哥哥早就选定好了区域，我们很早就出发前往。可惜的是，我们从早上开始探索，一直到中午也没什么特别的发现。

发现乌龟这个大家伙纯属偶然。爸爸和雷蒙哥哥走在前面，他们的动作都很快，我努力追着他们，可是怎么也赶不上。当时太阳又很大，我又渴又累，实在走不动了，爸爸就叫我躲在树阴下乘凉休息，他和雷蒙哥哥再到附近看看（都在我能够看见的地方）。

我看见树阴下刚好有块圆圆的“大石头”，想也没想就一屁股坐了上去。可坐了没多久，我就觉得不太对劲，这块“大石头”似乎会动。我吓了一跳，连忙从“大石头”上站起来，仔仔细细地把这块“大石头”看了又看，终于发现了端倪——嘿嘿，原来这块会动的“大石头”并不是真正的石头，而是一只大大的乌龟。可能是我惊动了它，于是它拖着慢吞吞的步子想逃跑呢！

我又兴奋又觉得不可思议，赶快按住要逃跑的它，叫来了爸爸和雷蒙哥哥。爸爸鉴定后说：“这是一只**安哥洛卡象龟**。”

安哥洛卡象龟，是马达加斯加特有的一种龟，是世界上最稀有的物种之一。主要栖息于马达加斯加岛西北沿海区域的干燥森林或海岸地区，龟壳坚硬、高拱，呈浅棕色，每一块龟板上都有同心环。它们生长缓慢，从乒乓球大小的幼龟长成背甲长40厘米左右的成熟个体，需要30年的时间。

爸爸很高兴我发现了这个大家伙，夸奖了我一番后，便开始和雷蒙哥哥给它量尺寸，拍照片，并做详细的记录。

爸爸说，别看这只安哥洛卡象龟个子比不上我，可它的年龄比我要大多了，也许我该叫它“乌龟叔叔”。我本来想好好地打量它，可是这个胆小的家伙却缩在乌龟壳里一动不动，不肯探出头来见见我们。

雷蒙哥哥一边记一边告诉我：“由于栖息地被破坏和非法交易，这种温顺的动物数量一度骤减至几百只，濒临灭绝。值得高兴的是，政府目前已经成立了保育中心，加强了对这种陆龟的保护和繁育，它们的数量有了一定的回升。”

爸爸和雷蒙哥哥做好详细的测量和记录以后，便把这个大家伙放回了原来的地方。也许我们的“折腾”把它吓坏了，好一阵子它都缩在树阴下一动不动，远远看去真像一块圆溜溜的大石头，难怪我之前没发现它。

告别了这只安哥洛卡象龟，我们又上路了。这一次我已经休息好了，再也不会慢吞吞地落在爸爸和雷蒙哥哥的屁股后面了。爸爸和雷蒙哥哥除了谈论着刚才发现的乌龟外，还提到了**辐射陆龟**。

爸爸是这样说的：“在马达加斯加岛的南部，还有辐射陆龟，数量要比安哥洛卡象龟稍微多一些，但近年来也受到了来自人类的威胁，同样需要保护。”

辐射陆龟，因背上有放射状的星形花纹而得名。它们是食草动物，喜欢吃水果和肉质植物，包括仙人掌。除了马达加斯加，毛里求斯也有它们的踪迹。目前，对辐射陆龟的人工繁殖已经取得了成功，但它们的野生数量仍然非常稀少。

在龟兔赛跑的故事里，因为兔子的骄傲轻敌，乌龟最终赢得了比赛。可是，在和人类的竞争中，这些慢吞吞的温驯的动物能获胜吗？聪明的人类，是不是在动物面前一定要做永远的“强者”呢？

12月7日　星期五　雨

我见到了巨型棕榈树

今天仍然有雨，雨是从昨天夜里开始下的，还下得很大。因为下雨，爸爸留在住宿地整理资料，一坐就是好几个小时。吃完早饭，我坐在床上看书，等我看累了抬起头来，爸爸依然在聚精会神地勾画着什么，这个时候雨已经停了。

见我无聊的样子，雷蒙哥哥说：“小文，有个地方要移栽一株新发现的植物，我需要过去搜集一些资料，想不想跟我一起去看一看？”一听这句话，我立刻跳了起来：“好啊！”

雷蒙哥哥说：“那就快准备准备吧。”

塔希娜棕榈树，也叫巨型棕榈树。“塔希娜”在马达加斯加语中是“受保护”和“祝福”的意思。它的植株高达18米，叶子直径5米，是世界上叶子最大的开花植物。它被誉为“最有效的空气加湿器”，因为它能保持空气的湿润，还对空气有很强的净化作用。据研究人员测试，把它放在房间里6个小时，空气中60%的霉菌会消失，58%的废气会被吸收。

我立刻跳下床，带上我的背包和相机，向爸爸报告之后，就跟着雷蒙哥哥出发了。不知道坐了多久的车，只知道我在颠簸的车上迷迷糊糊地睡着了。等我下车的时候，已经来到一个像植物园的地方。

这里有一排排整齐的温室，我猜里面一定种着很多珍贵的植物。可雷蒙哥哥径直穿过这些温室，丝毫没有停留的意思，我也只好跟着他继续走。走到一个像花园的地方，一群人正忙碌地移栽着什么。雷蒙哥哥用当地语言和那些人打招呼，询问着什么。我则好奇地打量着他们移栽的那株植物，那是一棵很大很大的**棕榈树**。

雷蒙哥哥告诉我，这棵棕榈树是刚从马达加斯加岛的西北边移栽过来的，是新发现的一种棕榈树种，叫“**塔希娜棕榈树**”。它是在2008年被一位种植园园主在野外发现的。

雷蒙哥哥说，巨大的体形只是这种棕榈树的特别处之一，它的另外一个特别之处是它的繁殖习性。普通的**棕榈科植物**，比如椰子树，一年开一次花。而塔希娜棕榈树在长达五六十年的时间里，只是不停地长叶，并不开花。当汇集了所有的能量以后，才会在顶部长出芦笋一样的嫩芽，然后向四周伸展，随后开出许许多多小白花，吸引小鸟或昆虫前来吸食花蜜进行授粉，场面非常壮观。而在开完花、结完果以后，它就会慢慢枯死，所以它是一生只开一次花的植物。

马达加斯加鹅掌藤，是一种可以入药的生命力非常顽强的植物。它的叶片光亮翠绿，生有褐色孔皮，长8～15厘米。秋季开淡白色小花，花序呈伞形，全体呈圆锥状。果实是浆果，呈小球形，成熟时呈橙黄色。这种植物耐旱、耐阴、耐湿，能被用来镇痛。

雷蒙哥哥详细地询问了这棵树的情况，拍了照片，又去看了其他巨型棕榈树的幼苗。不过雷蒙哥哥和其他人都是用马达加斯加语交流的，我听不懂，加上又下起了雨，我就回到车上去等他。

因为来的时候睡了一觉，中午回去的时候我精神得很，就是觉得肚子饿。听到我的肚子不争气地接二连三地咕噜噜地叫着，雷蒙哥哥笑了。经过一家小杂货铺时，他带我去吃了东西。开杂货铺的是一对华裔夫妇，他们让我感觉很亲切。在他们的院子里，我发现了一种很可爱的植物——**马达加斯加鹅掌藤**，它有圆圆粗粗的树干，长着一片一片的小叶子。

我为它拍了好几张照片。我想，回家之后把这些照片带给妈妈，她一定会喜欢的。

天啊，被“毒蛇”咬了

今天我吓坏了！原因是——我被蛇咬了！

这也是在野外考察的过程中发生的事。早上，我和雷蒙哥哥跟着爸爸来到一片森林里。雷蒙哥哥说这里生活着好几种不同种类的**变色龙**，正好是爸爸想了解和研究的。

果然，没隔多久，我们就在这里发现了好几只变色龙。爸爸忙着观察、拍照和描述，雷蒙哥哥则主要负责记录，顺便判别它们的种类，看看能不能发现新的种类。他们忙不过来的时候，我也在一旁帮忙

照看东西，拿资料。其他时间，我就一边听他们讨论，一边用相机把我感兴趣的东西记录下来。

突然，我不留意踩到了一块石头，结果摔了一个大马趴（也不能完全怪我，实在是树林里落叶和杂草堆得太厚了）。这也还好，摔得并不重，可我的小腿却突然被什么东西咬了一口，我吓得大叫起来。

马达加斯加叶吻蛇，又叫“马达加斯加藤蛇”或“马达加斯加鹤蛇”。体长70～90厘米，口鼻部前端有特殊的肉质突起，因而得名。体色呈灰褐色，腹部呈黄色，两体色间有白色线条。眼睛细长，瞳孔是纵向的，喜爱捕食小型蜥蜴和变色龙。当它静止不动时，难以被发现。

我慌张地拼命蹬腿，隐隐约约看到了咬我的**罪魁祸首**——它的影子细细长长的。可是，它飞快地钻进草丛不见了。等回过神来，我才明白，我被一条蛇咬了。这时，我感到伤口痛得厉害。卷起裤子一看，小腿上的牙印清晰可见，还不停往外渗着血。我不知道咬我的蛇是不是有毒……我越想越害怕，忍不住大哭起来。

爸爸和雷蒙哥哥赶紧来到我身边，一看我小腿上还流着血的牙印，松了一口气：不是毒蛇。爸爸找来棉花、绷带和胶布，开始处理我的伤口，帮我包扎起来，很快就把我的伤口给包扎好了。雷蒙哥哥则循着那个家伙逃走的方向追了过去，不一会儿就把这个罪魁祸首给逮了回来。那是一种很奇怪的蛇，颜色和树皮差不多，成人大拇指般粗细，脑袋前面长长地伸出来一个**触角**一样的东西，不仔细看，压根看不出这是一条蛇，会误以为是根树枝什么的呢。

雷蒙哥哥介绍说，这种蛇叫做**“叶吻蛇”**。

爸爸详细地询问着关于这种蛇的情况，一边认真地记着笔记。我可有点儿不高兴了，别忘了它刚刚才咬过我呢！虽然它没毒，可是也把我吓得够呛。

雷蒙哥哥告诉我们：在马达加斯加岛上已发现的60多种蛇类中，还没有发现有剧毒的蛇呢。他还给我们讲了最近一段时间才被发现的一些新的蛇类：分辨不出头和尾的钩盲蛇，颜色鲜艳的帕氏马岛滑蛇，爱偷吃蜥蜴蛋的猪鼻蛇……有趣的是，马达加斯加岛上发现的很多蛇，单单从外观判断的话，很容易以为它们是毒蛇。像帕氏马岛滑蛇，拥有非常鲜艳的黄色和粉色斑点，不知道的人都以为它是毒蛇，但它被证实是无毒的。在马达加斯加岛上如果被蛇咬到，一般也不用太担心，只要处理好伤口就行了。

我听得**津津有味**。我抬了抬腿，伤口已经没有之前那么痛了，所以我决定不再想着和那条叶吻蛇之间发生的不愉快了。大人有大量嘛！

爸爸找来工具，将这个冒冒失失咬伤我的家伙装了进去。他说这是因为人类对这种蛇了解得还不多，所以他要把它带回去供研究人员做进一步的观察和研究。雷蒙哥哥向我保证，他们一定不会伤害它，等研究结束，就把它放回大自然。

我突然想到一个问题：既然蛇有有毒的蛇，也有无毒的蛇，那么我们该怎么区别毒蛇和无毒蛇呢？

毒蛇的头一般是三角形的，长有毒牙，且毒牙中间是空的，毒腺在牙根部，能分泌毒液，通过毒牙注射到猎物身体里。它们的尾巴通常较短，颜色一般也比较鲜艳夺目。而无毒蛇头部一般是椭圆形的，没有毒牙，颜色一般比较黯淡。

12月10日　星期一　晴

送小狐猴回家

昨天被叶吻蛇咬了，留下了后遗症，我今天不敢再跟着爸爸去森林考察了。爸爸让我留在住的地方休息一天。可是爸爸一走，没过多久，我就觉得无聊起来，后悔没跟爸爸一块儿去。

雷蒙哥哥给我们安排的住宿地是当地人的一个村子。这几天，天天跟着爸爸在野外跑，都没好好留意过这个村子。我想，既然今天没跟爸爸一块儿去，一个人又觉得无聊，那就去村子里好好逛逛吧。

村子前面有块不大的空地，一些和我差不多大的孩子正在那里玩耍。他们你追我赶地打闹着，开心极了，让我**羡慕不已**。我很想加入

他们的行列，可惜我不会说他们的语言，不知道怎样表达，只好眼巴巴地站在一旁看着他们玩。

没多久，空地上来了另外一个孩子，手里捧着一只动物，自顾自地大声说着话，于是大家都凑了过去，我也挤过去看。我看到一个毛茸茸的脑袋，有点像猫，又有点像猴子，正睁着眼睛惊恐地看着我们，**瑟瑟发抖**。

“这是什么动物？”我问。捧着动物的孩子抬头望了我一眼，愣了愣，然后一边手脚并用，一边用结结巴巴的英语向我解释。虽然我们俩会的英语词汇不多，说得也不怎么流利，但是我们还是能进行简单的对话。花了好一阵子，我终于

环尾狐猴，又名节尾狐猴，因具有黑白相间的长尾而得名。两眼侧向似狐，尾有环节。它们的主食包括昆虫、树叶、花和水果，有时也吃鸟蛋甚至幼鸟；分布于马达加斯加岛南部和西部的森林中。

明白，原来这是一种猴子，叫**狐猴**。

他还告诉我他的名字叫逢克托，而这只狐猴是不久前村子里的一位村民捡到的。当时狐猴受了伤，奄奄一息，逢克托收养了它。经过这几天的照顾，这只可爱的狐猴已经好得差不多了，于是逢克托决定带它出来透透气。

这只狐猴瘦瘦小小的，缩在逢克托手里一动也不敢动，大眼睛里流露出来的尽是害怕。我瞧在眼里很是不忍心，于是一边比画着，一边问逢克托："我们能送它回去吗？"

逢克托明白了我的意思之后，点了点头。其他的孩子看我们打算送这只狐猴回家，很快就散开了。当我们来到一片茂密的树林之中，逢克托比画着告诉我，他之前常在这里看到狐猴的踪迹，他相信它们一定还会再来。

果然，不久之后，几只长相类似的动物跳了过来。它们静静坐到一块又高又圆的石头上，嘴里不停地咀嚼着什么。我仔细看了看坐在上面的狐猴，它们全身长满了白色的毛，整个脸却是圆圆黑黑的，眼睛是金黄色的，尾巴蜷缩起来，像收好的软尺——和逢克托手里的这只似乎不大一样啊！

维氏冕狐猴，是冕狐猴属的一种，主要分布于马达加斯加。体毛柔软而厚实，通常为白色，头顶、四肢和身体两侧呈褐色。习惯小规模的群体生活，早晨和黄昏外出觅食，白天休息。和其他冕狐猴一样，它们的尾巴很长，这样便于它们在树丛之间跳跃的时候保持身体的平衡。

逢克托似乎也发现了这一点，看看自己手里的小家伙，又看看坐在石头上**大嚼特嚼**的那些家伙，摇了摇头。

我们来到另一处地方。树林里传来许多动物的叫声，逢克托竖起耳朵听了一会儿，比画着告诉我，狐猴就在这附近了。没过多久，几只狐猴像荡秋千一样荡到了我们身旁的树上，站在树枝上面不时发出呼唤同伴的声音。和之前看到的那些狐猴不同，它们有着长长的黑白交替的尾巴。

我和逢克托仔细对照了那只“倒霉蛋”和眼前的狐猴，确定它就是它们中的一员。逢克托爬上就近的一棵大树，将那只掉队的家伙放到一根平稳的树杈上，又模仿狐猴的声音叫了几声，然后从树上下到地面。同伴们很快发现了这个掉队的家伙，纷纷围了过去，好像在问候和安慰它。看到这一幕，我和逢克托相视一笑，顿时觉得今天做的一切都值得了。

12月13日　星期四　雨

会爬树的“青蛙”

昨天傍晚下起了雨。今天早上，淅淅沥沥的小雨才停，但天仍然是灰蒙蒙的。爸爸看了看天色，说可能还会下雨，要我乖乖待在住宿地，他和雷蒙哥哥到远一点的镇上传真资料给卡特安博士。

我无聊地在村子周围闲逛，想起了逢克托，于是便去找他。

他家在村子的最东边，附近有一条小河。一到他家门口，就听见小河边传来的嬉闹声。走过去一看，逢克托和他的朋友们在河边玩得

正起劲呢。他们几个光着脚，将河滩边软软的泥土掏出一个大坑，把河水引进来，再挖出一条条小小的水道，把河水又引出去。

逢克托看见我，笑着朝我挥了挥手，我立刻**兴高采烈**地跑过去加入了他们。等到河滩几乎被我们挖的水道布满了，他们叽叽咕咕地用我听不懂的语言说着什么。逢克托用蹩脚的英语向我解释:他们打算去摘些又宽又软的树叶做成小船，放到水道里漂流。

又宽又软的树叶？那应该很好找。想起村子旁边就有一片茂密的树林，而且就在小河上游，我决定到那里面去找找看，逢克托也跟着我一块儿去找。

到了树林里，环视了一圈，没有发现符合我们要求的树叶。抬起头一看，哈哈，找到了，不过树叶长在树顶端，需要爬上去才够得着。

论爬树，逢克托可比我厉害多了，送小狐猴

回家时我就见识过了。

这次的任务当然也交给他啦。他很快就爬上树，坐在一根树杈上，伸手去够叶子，然后摘下来扔到地上，而我负责拣。不一会儿，我就拣了厚厚一叠树叶。我对逢克托摆摆手，示意树叶足够了。

逢克托看看周围够得着的叶子差不多都被摘光了，只有树干上还长着一片。于是他伸手去够，谁知道，那片“叶子”竟然神奇地向高处爬去。逢克托手快，一把抓住那片“叶子”，抓住一根树枝荡下树来，将手里的“叶子”递给我看。原来那

树蛙和青蛙都是无尾目两栖动物，但生活习惯不同。树蛙多数生活在树上，趾间蹼不像善于游泳的青蛙那样发达，且五趾分开，每个趾端长有一个圆圆的肉垫，这些肉垫是吸盘，能吸附在物体上。树蛙靠这些吸盘紧紧地抓住树干，即使倒挂着身体，它们也不会掉下来。加上脚趾较长，容易弯曲，能抓着树枝走动，所以树蛙能在树上十分灵活自如地走动。

不是什么叶子，而是一只“青蛙”。

只是，这只“青蛙”怎么会出现在那么高的树上？难道它会爬树吗？

我请逢克托把这只会爬树的“青蛙”送给我，他毫不犹豫就答应了。我小心翼翼地捧着它回到住的地方，用一只有盖的罐子将它装起来，又留出一条缝给它透气，然后才回到河边。逢克托他们已经做好了许多树叶船，让它们沿着我们挖的水道一个接一个地漂到小河里。我惦记着那只“青蛙”，没多久就告别小伙伴们回家了。

彩蛙　发现地：马达加斯加岛 安达西贝－曼塔迪亚国家公园

补充信息：它鲜艳的色彩似乎预示着它不是好惹的动物。

白唇树蛙　发现地：马达加斯加岛 兰诺马法纳国家公园

乌氏树蛙　发现地：不详

博氏树蛙　发现地：不详

金身蛙　发现地：不详

补充信息：它的金黄色皮肤有剧毒。

等爸爸一回来，我就迫不及待地把这只奇怪的“青蛙”拿给他看。爸爸看了看，告诉我这是一只**树蛙**。

爸爸说，马达加斯加岛上很多树蛙品种都是新近发现的，对它们的研究工作还有待进一步展开，所以他对于这个岛上的蛙类了解得也不是太多。后来，爸爸把今天传真过来的一些资料拿给我看，真是让我大开眼界。我不但看到了各种颜色的树蛙，还知道很多树蛙是有剧毒的。幸好今天逢克托抓的那只没有毒，爸爸说可能是一只**白唇树蛙**。

爸爸还给我带来了妈妈的信，我真是开心极了，我决定明天就给妈妈回信。

12月15日 星期六 多云

原来你不是蝴蝶

今天，爸爸早早地外出考察了。我因为睡过了头，没能跟他一块出去。上午我待在住的地方帮忙做家务，直到吃过午饭后，才出去玩。

我去找了逢克托，他叫来了村庄里的其他小朋友，最后大家决定到离村子不远的一个小山谷里玩“官兵捉强盗”的游戏。逢克托带着大家沿着通往村子外的一条小路走，过了一阵子，我看见了一个小小的山谷。逢克托指着那里茂密的树丛说：“就是那里了。”

大家猜拳决定谁躲谁藏，结果大家都成了“强盗”，逢克托成了抓强盗的“兵”。他摩拳擦掌地大叫着：“我一定会把你们都找出来！”

趁他趴在树干上数数的空档，大家一下子散开了。而我早就想好

了躲藏的地方。我找到一个茂密的草丛，蹲了下去。逢克托还在数着“八十、八十一、八十二……”其他人也都没有了动静。想到逢克托四处寻找我们的样子，我忍不住偷笑起来。

我屏住呼吸，悄悄地观察四周的环境。突然，不远处树干上一只黄色的**大蝴蝶**吸引了我的目光。它比我以前见过的蝴蝶大。好奇心一下子上来了，我决定悄悄去看个仔细。我站了起来，**蹑手蹑脚**地走过去，害怕一不小心惊动了它。还好，等我离它足够近，可以看个究竟的时候，它还是安静地栖息在树干上，一动不动。

我仔仔细细地打量着它：它有10厘米左右宽，触角上有些小须，形状像两片叶子。它的翅膀是张开的，前面一对翅膀上面有一条细细的黑色花纹，中间则有眼睛一样的斑点，后面一对翅膀也有“眼睛”，还各垂了一条长长的“尾巴”，漂亮是漂亮，但和我以前见过的**蝴蝶**有点不一样。

我正犹豫着要怎么捉住它，逢克托突然出现在我身边大叫着：“抓住你了！”我被他吓了一跳，蝴蝶也飞走了。逢克托抓住了我，又赶着去抓其他人。于是，我在发现蝴蝶的地方又转了几圈，希望还能看到那只大蝴蝶的身影。可惜，什么都没有发现。

但是，没过多久，我在草丛上发现了另外一种非常美丽的蝴蝶。它的个头比前面那只黄色的大蝴蝶要小，黑色的翅膀上有绿色的花纹，后一对翅膀的下面却是五彩缤纷的，鲜艳极了。它停在草丛上一动不动，草丛不高，我决定去捉住它。

“别碰那种蝴蝶！”逢克托大喊道，“它身上有毒！”原来他转了一圈，没找到其他人，又返了回来，刚好看见我要去捉那只蝴蝶，于是急忙制止了我。

我吓了一跳，抬眼一看，蝴蝶已经飘飘忽忽地离开草丛，飞走了。虽然有点遗憾，但想想捉到它的后果，我还是觉得自己很幸运。只是被逢克托一**搅和**，我再也没有捉蝴蝶的兴致了，于是跟着大家老老实实地玩游戏。

晚饭的时候，我对爸爸说了看到蝴蝶的事，还说出了我的疑惑。爸爸听了，说：“你看到的是蛾子，不是蝴蝶。”看到我疑惑的表情，爸爸详细地为我讲解了蛾子和蝴蝶的不同之处，我现在总算知道怎么区别蝴蝶和蛾子了。

蝶类和蛾类同属于鳞翅目，都是完全变态发育的昆虫。在分类系统中，蝶类属锤角亚目，蛾类属异角亚目。它们的区别如下：

1. 蝶类

触角　比较细长，末端膨大呈棒槌状。

躯干　腹部瘦长，前后两翅的连接处细小。

翅膀　有肉眼无法辨别的细小鳞片，休息时四翅竖立于背部，色泽往往比较鲜艳。

活动时间　大部分白天活动。

2. 蛾类

触角　尖端一般没有膨大的部分，而且基部较粗，一般呈丝状、羽状。

躯干　腹部肥大，无明显细小的连接处。

翅膀　有时有肉眼可辨别的细毛，休息时翅膀摊开，平放在身体两侧不收拢，色泽往往比蝴蝶黯淡。

活动时间　大部分晚上活动。

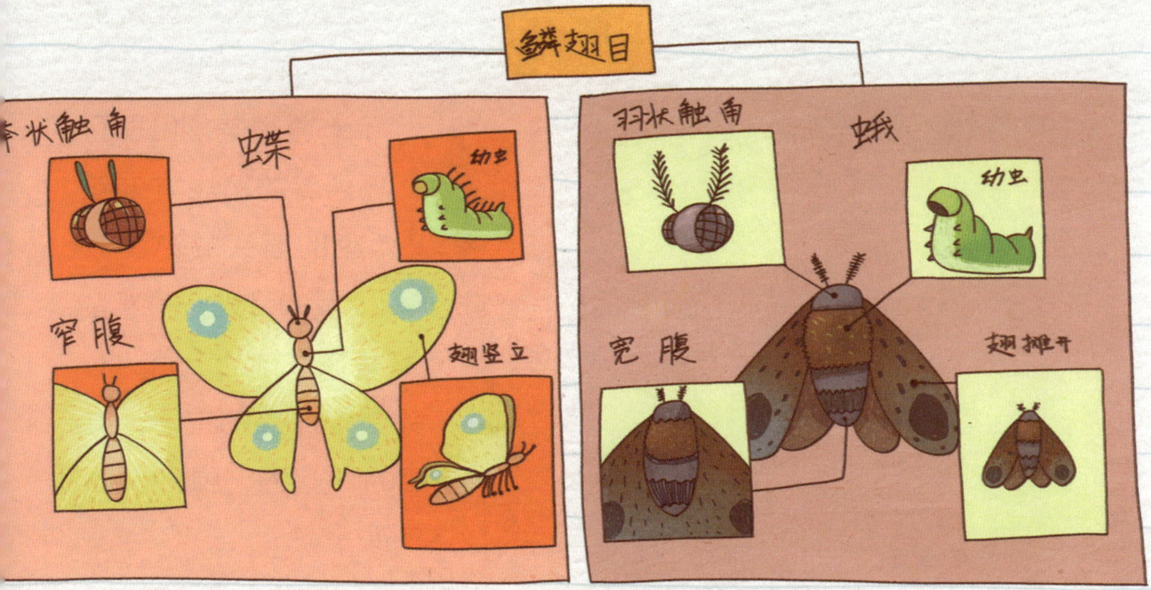

12月16日　星期日　晴

贫民窟的“百万富翁”

爸爸要进行一次远足考察，看看能不能发现一些新的物种，因为需要储备一些物资，于是打算去一次市镇。我呢，自从来到马达加斯加岛，除了下飞机的时候在首都塔那那利佛大吃特吃了一顿，已经很久没有去过市集啦，所以当然要跟着爸爸一块去了。

买好了物资，爸爸要顺便去一个挤满了人的大厅办点事情，让我在门口的椅子上坐着等他。我坐在长椅上，看着对面繁华的街道，那些橱窗倒不十分精美，但里面陈列着的镶嵌有五颜六色的石头的饰品吸引了我的目光——那些被镶嵌在饰品上面的石头都是漂亮的宝石，有红的、蓝的、绿的、粉红的……

我情不自禁地站起

马达加斯加是一个宝石资源非常丰富的地方，几乎所有的彩色宝石种类都能在这里被发现，仅仅在市场上就有至少20多种。虽然许多的矿区发现的时间比较晚，但马达加斯加正在成为一个在世界上举足轻重的宝石产地。

身，穿过街道，走到橱窗面前，想看得更仔细一些。

戴着头巾穿着制服的店员很和善，没有驱赶我，反而招呼我进去。她先是说了一种语言（我猜可能是法语，因为爸爸说这里通行的语言是法语和马达加斯加语），见我摇摇头，她转而讲起不太熟练的英语。

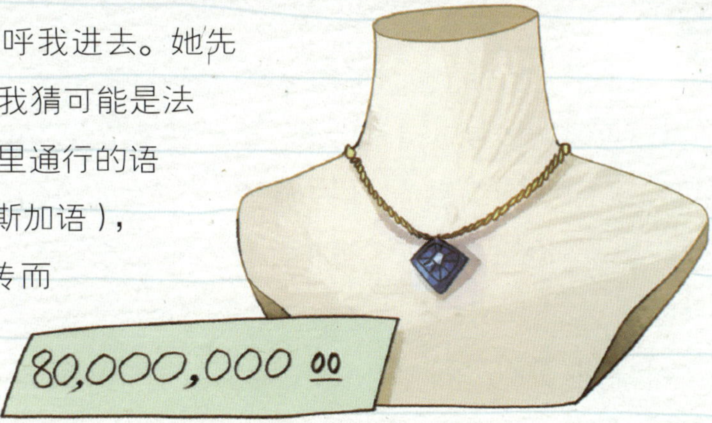

伊拉卡卡，位于马达加斯加岛的西南面，是岛上最著名的宝石矿区之一，拥有丰富的宝石储藏量，盛产的蓝宝石最为著名。据探测，伊拉卡卡的蓝宝石储藏量足够开采两个世纪。

她问得简单，比如我是从哪儿来，到这里来做什么等。我都一一回答了她。她又问我是不是一个人，我指着对面大厅说爸爸在里面。

之后我被一颗菱形的**蓝宝石吊坠**吸引住了。那颗蓝宝石晶莹璀璨，有我的拇指指甲那么大，可它下面的标签上的价格也让我吓了一跳。我数了数，后面足足有7个零。妈呀，这个吊坠这么贵啊！

我吐了吐舌头。店员看着我的样子笑了：“这是来自伊拉卡卡的蓝宝石，很有名的。大部分宝石商人要购买宝石都会直接到伊拉卡卡，购买还没有加工或者半成品的宝石，再送到其他地方进行切割和加工。那样的话价格就会便宜一些。”

这时侯，听到爸爸在街道上焦急地叫我的名字，我赶快跑了出去。爸爸看见我从珠宝店铺跑出来，微微皱了皱眉。我向他说了首饰店的见闻，并问他：“伊拉卡卡在哪里？那里的宝石很出名吗？”

看见爸爸的脸色沉了下来，我突然觉得自己可能问了一个错误的问题。

爸爸叹了一口气，说：“你知道这些宝石是怎么被开采出来的吗？许多来自发达资本主义国家的宝石商人带着现金坐着飞机来到这里，雇佣当地人挖出最简陋的矿井，采掘埋藏在地层深处的宝石。他们用几千美元一颗的价钱买到的宝石，转手到其他地方加工销售后就是数十万美元一颗。可那些当地人，则拿着每天几美元的报酬为他们卖命，许多人还因此丧命。即便这样，因为贫穷，为了生存，这里的人们还是源源不断地涌入那些矿区去做采矿工人。另外，这样盲目而不加控制的开采，也给当地的环境带来了**无法弥补**的破坏。”

爸爸的话让我的心情一下子沉重了许多。刚才只觉得那些宝石是如此的美丽，可我没想到，为了得到那些美丽的宝石，需要付出这样大的代价。

12月17日 星期一 晴

不速之客的拜访

昨天爸爸买了许多罐头，准备过几天去野外考察的时候食用。我瞧着嘴馋，于是爸爸就先打开了一个给我吃。我没舍得吃完，只吃了一半，想把另一半拿给我的朋友逢克托。

昨天去市镇，我还选了一些我和逢克托他们一起拍的照片洗了出来，打算把它们作为向逢克托告别的礼物。一想到要去下一个地方，也许以后都见不到逢克托了，心里突然感到很舍不得，有些难过。

我把吃剩下的罐头放在帐篷里，准备去找个好一点的

信封，用来装照片，可是一直没找到。

于是，我去找雷蒙哥哥。不曾想到，就在我去拿信封的短短的几分钟里，竟然有动物跑进了我们宿营的帐篷捣乱！

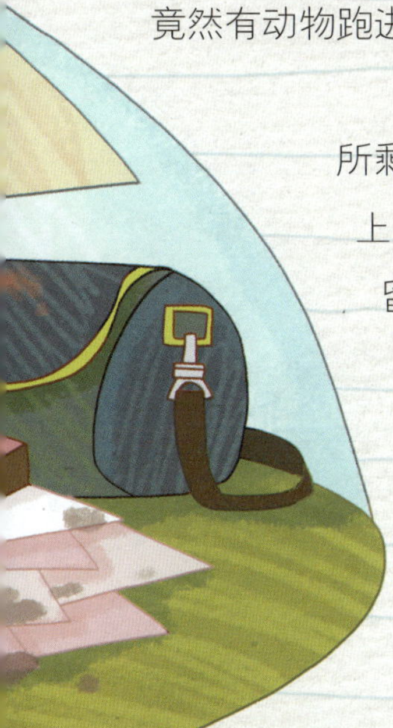

帐篷里有些凌乱，装罐头的盒子被打翻在地，罐头所剩无几，连爸爸给我带回来的香蕉也被**一扫而空**，地上还有一些血迹、毛发和脚印。我本来猜想那是狐猴留下的（它们都不怎么害怕人），看看脚印又不太像。于是，我赶快去找爸爸和雷蒙哥哥。他们对着“现场”看了很久，又拿起毛发仔细鉴别了一番，然后露出了很高兴的神情，接着两个人兴冲冲地跑了出去。

雷蒙哥哥找来一位当地人，叽里咕噜说了一

番，爸爸和雷蒙哥哥换上衣服就出发了，留下我在营地里百思不得其解。好不容易等到晚上，爸爸回来了，我的疑惑才得到解答——爸爸和雷蒙哥哥带回来一只像猫的动物，它被关在一个笼子里。爸爸说今天闯到营地帐篷里的“**不速之客**”就是它了。

爸爸揣测了一下这个事情的前因后果：一只贪吃而大胆的狐猴溜进了我们的帐篷，想趁着我们都不注意享用我们的美食。而它的到来，又引来了一只饥饿的**长尾狸猫**。较量的结果是长尾狸猫赢得了这次争斗，而我们的帐篷也就变成了我回来时看到的样子。

我走近笼子就近观察这只动物。它的外表有些像美洲狮，嘴部似狗，身上泛着一种棕红色的光。此时它正烦躁地用头撞击着笼子，发出低低的呜咽声，两只眼睛瞪着我，吓得我赶快离开了笼子。

爸爸说，长尾狸猫在马达加斯加是一个具有关键意义的物种，假如它灭绝了，食物链中从它以下的物种也会相继消失。这次抓到这只长尾狸猫，是因为它掉进了猎人的陷阱，导致右腿骨折。雷蒙哥哥打算把它带

到动物保护组织的站点去进行救治，等它伤愈，再将它放归野外。

虽然这个家伙看上去不怎么友善，我还是友好地给它拿来了食物。也许察觉到我们对它并无恶意，这只长尾狸猫慢慢安静了下来，开始享用我拿给它的鲜肉。我也渐渐不那么怕了，一直到最后雷蒙哥哥要送它离开，我都陪着它。离开的时候，它低低地叫了一声，我觉得那是在向我们告别呢。

马达加斯加长尾狸猫，又名"窝灵猫"，是马达加斯加岛特有的一种哺乳动物，也是这个岛上最大的肉食性哺乳动物。一只成年的长尾狸猫体重可达10千克，从嘴到尾端长可达1.7米。科学家们估计目前岛上的马达加斯加长尾狸猫仅存约2500只。

我的屁股被扎了

早上听到爸爸和雷蒙哥哥说，打算用几天的时间去考察一种特别的猴子（它也是**狐猴**的一种哦）。它们生活在岛上东部沿海地区的森林里，因为有一根特别长的中指而出名。雷蒙哥哥说这种猴子也是马达加斯加岛特有的动物，爸爸对它们很感兴趣，于是就把它们列在了考察范围之内。

我们辗转来到马达加斯加岛东北部。雷蒙哥哥说，它们主要栖息在森林里，一般夜间才会出来活动。它们的生活习惯有点像啄木鸟，喜欢吃藏在树洞中的虫子。取食的时候，常用中指敲击树皮，判断有无空洞，然后把耳朵贴在树干上细听，如果有虫响，就用门齿将树皮啃一个小洞，再用中指将虫抠出来。它们吃浆果的时候，也是用中指将浆

马达加斯加指猴，因指和趾长（中指特长）而得名。成年个体体长36～44厘米。体形像大老鼠，有着明显的黑色眼圈。耳朵非常大，能听到很微小的声音。体毛粗长，深褐至黑色。以昆虫、甘蔗、芒果和可可等为食。

果抠一个洞，从中挖出果肉。所以对它们来说，中指是实实在在的捕食工具。

可是，由于指猴的长相奇怪，许多马达加斯加人认为**指猴**是不祥的物种，会给他们带来厄运，每当看到指猴时，他们会立刻把它杀死。而实际上，由于指猴赖以生存的雨林遭到了毁灭性的砍伐，现在它们已经**濒临灭绝**。

我很想跟着去，可爸爸认为夜间的野外对于我来说过于危险，坚决不同意。在我的再三请求下，爸爸终于做出了让步，答应带我去一天，但无论能不能见到指猴，第二天都不许再跟着了。

因为傍晚的时候就要去寻找指猴，所以今天下午我们就开始为考察活动做准备了。等到夜幕降临的时候，我们在一个当地人的带领下（这个人和雷蒙哥哥认识），

来到了据说是指猴聚居的地方。带我们来的人叽里咕噜说了一大串，雷蒙哥哥翻译说：“他是在强调指猴在这里出现过。”

四周一片寂静，各式各样的虫鸣和隐约的动物叫声传来，让我不禁害怕起来。过了一会儿，我听到了一阵阵尖厉的有点像哭泣的声音，爸爸说这就是指猴的叫声。

我们屏住呼吸，辨别着指猴叫声传来的方向。爸爸拿出可夜视的望远镜，准备找出它们的具体位置。森林深处有些**若隐若现**的光，像一只只野兽的眼睛。旁边的草丛里传来沙沙的声音，好像有什么动物随时准备钻出来一样。我害怕得瑟瑟发抖，不自觉想拉住爸爸的衣角，可是这个时候，他们似乎发现了指猴的踪迹，都加快脚步靠近。我一着急，想跨过草丛追上他们，却一脚踏到草丛里。有什么动物叫了一声，我屁股一痛，吓得大叫了一声，然后眼前一黑，就什么都不知道了。

等我醒来时，已经在宿营地里了。因为我突然昏倒，爸爸和雷蒙哥哥只好返回，观察指猴的计划也只能往后延了。我有些内疚，又觉得屁股被扎到的地方还在隐隐作痛，就问他们知不知道是什么动物扎了我。

爸爸又好气又好笑地说：“叫你不要跟去的，你偏不听，这下知道厉害了吧。”雷蒙哥哥递给我一根长长的刺：“喏，这是它留给你的纪念品。”我接过那根刺左看看右看看，还是不知道答案，只好向爸爸投去求助的目光。爸爸这才告诉我，扎到我屁股的是一只**卷尾豪猪**。爸爸说，幸好刺扎得不深，不然我的屁股可要痛很多天了！

豪猪，又名“箭猪”，是一种披有尖刺的哺乳动物，广泛分布在欧洲、亚洲和非洲。它们的毛发中分布着长而尖的刺，刺上有倒钩，一旦刺入攻击者皮肤之中，很难除去。马达加斯加岛的卷尾豪猪是岛上最奇异的动物之一，它们长着一条能卷缠的尾巴，可以轻易卷住树枝，个个都是攀援能手。

12月20日 星期四 晴

雨林的"伤疤"

今天下午我们将乘飞机去东部。爸爸会在那里进行最后一个阶段的考察，并参加在那里举行的世界环境保护交流会议。

和我的朋友们**依依不舍**地道别后，我们登上了飞往东部的飞机。

本来我打算在飞机上午睡一小会

儿，可玻璃窗下那些美丽的蓝色和绿色迷住了我。爸爸说，马达加斯加岛的东部是一片茂密的热带原始森林，因为马达加斯加岛东临印度洋，岛上终年盛吹来自印度洋的信风，大量的水汽遇到中部的高山凝结降雨，因此形成了热带雨林。

从飞机上看，美丽的印度洋像一块蓝得发绿的宝石，而马达加斯加岛就镶嵌在这块宝石上。那些绿色呈现出很多层次：深绿、浅绿、翠绿、嫩绿……这是森林的颜色，也是生命的颜色。

但是，在那些美丽的绿色中，我看到了令人痛心的一幕：

完整的绿色中不时露出一小块发红的土地，那是森林被砍伐的地方。在绿色的边缘，这样裸露的地面更多，也更明显，甚至连成了一片。从

空中看下去，这些发红的土地是森林里的一块块巨大的伤疤，触目惊心。

我的心情顿时变得很沉重：这些都是谁干的？难道他们不知道森林很宝贵吗？政府为什么不出面保护？我有些激动，觉得心里有火苗在上蹿。

我问爸爸：“你和学校的老师都曾经说过，**自然环境**一旦被破坏，就很难恢复，可为什么还是有那么多的人要做这样的事情呢？”

“这很复杂，小文，看到这些我也很遗憾……”爸爸也沉默了。

“情况比我想的要糟糕，”爸

马达加斯加岛出口的木材叫做玫瑰木，属于黑黄檀木。2011年10月，在日本名古屋召开的联合国生物多样性大会上公布的一份报告显示，每5分钟，马达加斯加岛就有一块足球场面积大小的雨林被砍伐。

爸转过头去，对雷蒙哥哥说，“难道政府和国际环保组织都不知道这里发生的事情吗？”

“知道，但是却无力改变，”雷蒙哥哥咬着嘴唇，压抑着什么，“许多人在努力着，而更多的人似乎对这一切已经习惯，就算心存疑虑，可在赤裸裸的欲望的驱使下……我们的努力显得那么微不足道……”雷蒙哥哥有些无奈，我第一次从他的脸上看到一丝疲倦。

雷蒙哥哥说：“由于人类的破坏，马达加斯加的森林覆盖率锐减，保存完好的**野生生物**环境更是不到十分之一。”他的话让我觉得呼吸都沉重起来。但我并不因此而绝望，因为，总还有人在为我们的地球而努力着，像爸爸，像雷蒙哥哥。我也会为保护我们的地球而努力的。

我把雷蒙哥哥最后说的一句话郑重地记在我的日记本上，用来勉励自己，也用来勉励那些热爱这片土地、愿意努力去保护它的人们：

“森林是地球的**肺叶**，是地球上动植物栖息的最后乐园，也是我们每个人心里一片不该被打扰的风景。这绿色的肺叶和它里面多样的生物一样，都需要我们人类的保护和拯救。一个美好的生存环境是脆弱的，只有关爱，才能使它长久地存在下去。”

12月22日 星期六 雨

无处不在的蟑螂

世界上生命力最顽强的生物是什么?

答案是——**蟑螂**!

这个答案应该一点也不意外吧?因为不管在哪里,都能看到蟑螂的身影(我的饼干和蛋糕就常常被它们偷吃)。

科学家研究说,蟑螂是地球上最古老的昆虫之一。它们和恐龙生活在同一个时代。科学家所发现的化石表明,蟑螂在距今4亿年前就已经出现在地球上了,并且它们今天的样子和化石上的样子比起来,并没有太大的改变。

还有一位生物学家断言,如果有一天地球上发生了全球范围内的

核战争（这个假设真是恐怖），所有生物包括人类都灭亡了，蟑螂却有可能存活下来，因为它们能承受的放射量是许多动物能承受的几千倍甚至上万倍！

所以，当爸爸指着树干上一只爬动的昆虫说那是蟑螂的时候，我

一点也不吃惊。它除了个头比我家里的看上去大一点，颜色稍微深一点外，其他也没有什么不同。

爸爸笑了笑，伸出一个指头按住这个家伙的后背（爸爸说它正在装死），奇怪的事情发生了，这个家伙的身上立刻传来“嘶嘶”的声音，吓得我以为是蛇来了。爸爸松开手指，“嘶嘶”的声音仍然还在，好一会儿才停下来。爸爸解释说，这就是这种蟑螂的特别之处了，它是唯一一种会发声的蟑螂，叫做**“发声蟑螂”**。

爸爸带回一只**蟑螂**仔细观察，还不顾我的抗议，把我的零食拿来“犒劳”它。有没有搞错？这可是一只害虫啊！一想到蟑螂，我就想起它们到处爬行偷吃食物的情形，它们影响设备的使用，还传播疾病……我没有一脚踩扁它已经很客气了，爸爸竟然还拿零食给它吃……见我气呼呼地数落着蟑螂的**“斑斑劣迹”**。爸爸笑了：“小文，看来你对蟑螂的成见很深啊！”

接着，爸爸告诉我，每一种生命的存在都有它的价值，应该用尊

重万物生命的态度去了解、包容生命，而不是只站在自己的立场上判断其他生命的价值。只有这样，人类和其他生命个体才能共同享有我们美丽的地球。

爸爸这一番语重心长的话，我听得似懂非懂，好像明白了什么，又似乎身处云里雾里。

发声蟑螂，是一种体形很大的蟑螂，因会发出“嘶嘶”的声音而得名，原产于马达加斯加岛热带雨林，成年个体长5～7厘米。它们会发声是因为其腹部有气孔，作用则是恐吓猎食者，并伺机逃跑。

12月23日　星期日　阴

“天堂”里的探险

今天，爸爸和雷蒙哥哥将去曼塔迪亚国家公园进行考察。这个国家公园全名叫**“安达西贝－曼塔迪亚国家公园”**，成立于1989年，占地155平方千米，海拔高度900～1250米，年平均降雨量1700毫米。正是由于这些得天独厚的自然条件，曼塔迪亚国家公园被大片大片茂密的热带雨林所覆盖，成为世界上生物种类最多的地方之一，被誉为野生动植物的天堂。

探索的过程实在是太辛苦了——**坑坑洼洼**的地面落满了树叶，人踩上去深一脚浅一脚，加上雨后的积水，每走一步都打滑，前进极为吃力，并且很快全身

的衣服就湿透了。虽然这不是我第一次到热带雨林探险，但我还是很兴奋。

巨大的树木在我们头顶形成天然的棚顶，不时有沙沙的声音从上面传出来，却无法确定是风造成的还是动物造成的。各种各样的鸟鸣声和虫叫声，还有其他动物的叫声，和头顶传来的沙沙声一起，汇集成一曲自然的交响乐，让人心旷神怡。

我一边跟着爸爸和雷蒙哥哥在潮湿松软的土地上艰难地走着，一边倾听着这来自自然界的奇妙声音，突然觉得像是走在童话中郁郁葱葱的森林里。到底今天会看到些什么样的奇特动植物呢？我充满了期待。

突然，雷蒙哥哥停下了脚步，要我们仔细听树上传来的一种声音。这种声音非常嘹亮，一下子就能和其他声音区别开来。它是由一种皮毛黑白相间的狐猴发出来的，雷蒙哥哥说这是**大狐猴**。这些灵敏的家伙在树上嬉戏着，姿态优美地从一棵树上跳到另外一棵树上，睁大眼睛坐在树冠上警惕地看着我们。

“嘿，你们好！”我摘下帽子，大声地向它们打着招呼。这些动物对我报以一阵尖声喊叫。

“看上去它们可不太友好。”爸爸对我耸耸肩。我没趣地摸摸鼻子，对着它们扮了个鬼脸。

“大狐猴是一种领地意识很强

大狐猴，是马达加斯加岛上 50 多种狐猴中体形最大的一种。体长可达 70 厘米，体重可达 13 千克。有着黑白相间的皮毛，细长的四肢，有不太明显的尾巴和目光敏锐的黄眼睛。它们对自己的领地非常重视，经常用一种刺耳的声音来宣告对一块领地的主权。可惜的是，大狐猴正濒临灭绝，整个马达加斯加岛最多只有 1000 只。

的狐猴，这些家伙正在向我们发出警告呢。”雷蒙哥哥解释说，“它们在警告我们闯进它们的领地了。”

“那我们还是赶快离开吧。”我戴上帽子，拉了拉爸爸的衣角。

“我也这样想。”爸爸在拍完照片后，幽默地摘下帽子向它们做了个告别的手势，“嘿，我们告辞了！”他夸张的语气让我和雷蒙哥哥哈哈大笑。

我们很快告别了大狐猴，重新穿行在雨林中。不久之后，我的目光又被林中一个移动的小红点吸引了。走近一看，是一只造型奇特的昆虫。它的身体是耀眼的红色，有长长的颈，既像长颈鹿的脖子，又像大象的鼻子，看上去就像一台起重机装在一台玩具消防车上，样子有趣极了。爸爸说它叫“**长颈象鼻虫**”。

后来，爸爸翻开一片覆盖在地上的树叶，发现了一个全身通红的家伙，于是招呼我去看。那是一只红色的蛙，跟红色的番茄差不多。爸爸说它叫“**番茄蛙**”。

爸爸要我仔细观察它的脚。看我不明所以，爸爸告诉我说它的脚上没有蹼，不会爬树，不属于**树蛙**。

除了这些，后来我还看到了行动笨拙的库阿鸟、鲜艳夺目的红嘴雀、长尾的捕蝇鸟，还有各种各样的变色龙……天色渐渐昏暗，夜幕降临马达加斯加岛长颈象鼻虫，也被称为“微型长颈鹿”，分为黑长颈卷叶象鼻虫和棕长颈卷叶象鼻虫两种，因为长着一个特殊的长脖颈，像大象的鼻子，因而得名。个头不大，身体总长度不到2厘米，长长的脖子是为了卷叶筑巢而形成的身体特征。它们以树干、树根、花、果实或种子为食。

了，我们意犹未尽地返回营地。

夜晚的丛林更加热闹，此起彼伏的动物叫声和虫鸣声构成了夜晚奏鸣曲。这个地方的确无愧于“野生动植物的天堂”这个称号，因为它每时每刻都充满了生命的天籁。

番茄蛙，又名“安东吉利红蛙”，主要分布于马达加斯加岛东岸的沼泽地。身体呈鲜艳的深红色或橘红色，四肢短小而结实，遇到一点惊吓便会鼓起来，像个皮球，还会分泌出一种黏性很强的黏液，让猎食者无从下口。另外，它们漂亮的表皮中含有防卫性毒素，所以不要轻易碰触。

12月26日 星期三 多云间雨

寻找彩虹鱼

今天，我们将乘船穿过一片森林。浅浅的河水从身边流过，雷蒙哥哥穿着短裤和T恤，站在船上，撑着一根长竹竿逆水而上……这可是雷蒙哥哥从当地人那里学会的撑船本领，他很乐于向我们展示。

今天的天气不太好。刚刚还阴云笼罩，下了一阵瓢泼大雨；没过多久太阳又出来了；然后，又是一阵更凶猛的雨水……即使我穿着雨衣，还是被雨水浸湿了头发，我懊悔没多带一条干毛巾。而雷蒙哥哥似乎早已习惯这反复无常的天气，对此无动于衷。

这一趟，是我吵着要跟来的。爸爸和雷蒙哥哥打算去考察一下这里的稀有鱼类。雷蒙哥哥和他的同事们前些年在这条河流的几个地方设立了监测站，以便对这些鱼类的情况进行监测。因为时间比较紧，所以他们顾不上天气好不好，仍然出发了。

河的两岸是大片大片茂密苍翠的原始森林，还可以从中看到一些动物越过树梢的身影。靠近河岸的地方，是一片片沼泽一样的草丛，其间浮着一块块树皮一样的东西。雷蒙哥哥说："那些才不是树皮，而是**鳄鱼**。"

我紧紧地盯着那些"树皮"，生怕它们游过来。雷蒙哥哥笑道："别紧张，我们只是路过，不会打扰到它们的，它们也不会来攻击我们的。"

船顺利地穿过了这些大家伙的"领地"，我才长长地吁了一口气。过了一会儿，我们依次跳下船上岸，经过一段时间的跋涉，我们来到

马达加斯加岛的鳄鱼最大的体长可达6米，主要在淡水河流中生活，以捕食鱼类为生。它们力大凶猛，可捕食牛鲨之类的大鱼，但除非领地被侵犯，一般不会主动攻击人类。马达加斯加岛上有许多鳄鱼农场，那里每年新出生的小鳄鱼可达5000只，其中近一半会被放归自然，以保护该地区的生态平衡。

我们来到了森林深处的几座小木屋前面——这里就是监测站了。

雷蒙哥哥的同事哈米在这里工作，他每隔一段时间就会对这里的水质和水中生物的种群数量进行观察和记录，并对一些擅自闯入这个水域捕鱼的人进行劝阻。他把我们带到了一条浅浅的溪流旁边，告诉我们，**彩虹鱼**就生活在这一带。

了解了彩虹鱼的情况，我们告别了哈米（不知道该称呼他哥哥还是叔叔），从另一条水道顺流而下，前往位于下游的另一个**监测点**。

这时，天基本放晴了，我们很顺利就到达了目的地。雷蒙哥哥说，这次我们要观察和了解的鱼叫做**“金虎鱼”**。

在回去的路上，雷蒙哥哥和爸爸谈论着马达加斯加这些美丽鱼儿的生存现状。由于现在马达加斯加的原始森林被严重破坏，水土流失的情况很严重，很多河流的含沙量升高，影响了当地淡水鱼的生存。而“保护区”也正面临着资金不足、管理不善的困扰。并且，这些当地的淡水鱼种还受到了外来物种（譬如鲤鱼、罗非鱼、食蚊鱼等）入侵的影响。有人估计，如果人类再不对其加以保护，当地的淡水鱼

马达加斯加彩虹鱼，又名“马达加斯加虹鱼”“石美人”，是一种名贵的观赏性鱼类。体长6～8厘米，卵圆形侧扁，背鳍分为前后两个。它的全身呈青绿色，但会随着光线环境的变化，呈现红色、淡黄色、浅紫色、银白色等色彩，因而得名“彩虹鱼”。

类会在未来20年内全部灭绝。

我们能够为这些美丽的生物做些什么呢？

马达加斯加金虎鱼，又叫“马岛金虎”，是一种比较罕见的淡水鱼。主要生活在马达加斯加岛的河里或河口处，身体呈黄色，带数条黑色线带，形似老虎斑纹，因而得名。体长约35厘米，以各种水生藻类为食。

12月27日　星期四　晴

环境保护义务宣传员

在很早很早以前，那个时候地球南边的陆地还是完整一片，被称为**“冈瓦纳古陆”**。马达加斯加岛和非洲当时都是这块大陆的一部分。

冈瓦纳古陆这块古老的大陆不是静止不动的，它在大洋上缓缓移动，分裂成为几个板块，最后分别变成了今天的南美洲、非洲、澳大利亚以及印度半岛和阿拉伯半岛。而大约1.65亿年前，马达加斯加岛从非洲大陆脱离出来，成为一个独立的岛屿。

由于马达加斯加岛**与世隔绝**，那里的生物按自己的发展方向进化着，最终成为我们今天看到的与众不同的样子。岛上70%的动植物都是世界上独有的，爬行和两栖类动物的独有性更是高达95%。

这不仅是一座被时间所遗忘的孤岛，同时也是一个展示自然无比神奇和生物多样性的博物馆。

在1999～2010年间，研究人员在马达加斯加岛发现了615个新物种，其中包括41种哺乳动物，69种两栖动物、61种爬行动物、17种鱼类、42种无脊椎动物，另外还有385种植物。

2000多年前，人类首次移居到岛上。人们为了种植水稻而砍伐森林，为了饲养牛群而**焚烧**草原，为了发展旅游业而将森林分割得七零八落，为了吸引游客而大量捕捉、圈养野生动物……马达加斯加岛的

生态环境受到了严重破坏，一些物种的数量急剧下降。岛上新发现的615个新物种，有许多第一次被发现就被宣告濒临灭绝的处境。

专家们呼吁人们关注马达加斯加雨林**滥砍滥伐**问题，希望发达国家帮助岛上的人们发展经济，改善生活；呼吁政府和国际环保组织在马达加斯加开辟大面积的保护区，只需留出小片的森林和沙滩供游客游览，以便更好地来保护和恢复日益缩小的森林面积，为野生动物留下更多的生存空间。

世界野生动物组织的生态专家更是警告说，若是再不加以重视，在不久的将来，也许就是几十年后，人们想在马达加斯加岛上见到那些特有物种，只会是**天方夜谭**了。

了解了这些，我心疼得无以复加。

爸爸说，在这个世界上，绝大部分人都很热爱野生动物，也愿意去保护它们。可是，如果我们人类过于介入野生动物的生活，就会干扰它们的生存。

爸爸还说，站在生命的立场上，人并不比动物高贵，人和动物是平等的。而真正的平等，是尊重它们的生存权利，让动植物和我们人类共同享有地球这个美丽的家园。

马达加斯加已灭绝或已被认定为灭绝的生物

巨狐猴：人们最后一次见到它们是在500年。

马达加斯加蛇雕：最后一次发现于1950年。

象鸟：人类最后一次捕杀到它们是在1649年。

12月29日　星期六　晴

小安的心声

今天将要登上返程的飞机了。望着这片土地，我的心久久不能平静。

没来到马达加斯加岛以前，我对这片土地充满了向往。经过将近一个月的探索，我对这片土地有了更多的了解：

桑巴瓦的餐厅公然叫卖着一锅锅丛林野味杂炖，而那些丛林里的

精灵奄奄一息地被囚禁在餐厅外的铁笼子里；在南部的车站，人们用野生的龟肉做成的小吃堆满桌面，街道上到处是被丢弃的龟壳；

伊拉卡卡的矿工拿铲子在露天矿场里挖一整天的土，只能赚到几美元，但脸上露出了非常满足的表情；而此时他们的老板正坐在工地旁的木屋里，悠然地叼着烟斗，戴着手套，拿着放大镜观察着他们辛苦开采出来的**宝石**，盘算着它们能给自己带来多少收入；

做小本生意的商人偷偷把**叶尾壁虎**和濒危的**象龟**装箱并走私出岛，跟买家在港口集市上讨价还价；

安塔拉哈年轻人骨瘦如柴，为了养活妻儿，只能收下木材商人的钱，偷偷从事着砍伐珍贵木材的工作……

这样的事情太多太多了，多得让人

既痛心又无奈。

这里的物种很丰富，可这里的人们大多生活得很贫穷。野生动物们需要生存，人类也同样需要生存。资源的有限让人类和动物之间的矛盾变得尖锐和突出，如果找不到其中的平衡点，人类和动物的竞争，将没有赢的一方。

爸爸曾说，喜欢一朵花的人，会摘下它；而爱它的人，会为它浇水。

我想，对于自然也是如此。

真正热爱自然、热爱动物的人，是不会做出破坏自然环境、伤害动物的事情的。尽管我们人类也是生物链中的一环，但若是超出了这一环，自然的平衡被打破的同时，身在这一环中的我们自己也会成为受害者。

世界是完整的，我们为世界所做的，就是为马达加斯加岛所做的。哪怕是小小的努力，也有它的价值。真心希望我们能学会约束自己的贪婪，只有这样，这个世界才会变得美好而和谐。不然的话，那些消失了的动物的命运，明天就会落到我们人类自己头上。

极地篇

冰雪世界的传奇

北极，我来了

夏天踢一场足球，出一身臭汗，再**痛痛快快**地冲个澡，我可喜欢了。

今天，踢完足球刚一踏进家门，就听见电话铃响了起来。我连忙跑去接听，原来是爸爸打来的。爸爸说他要去**北极**考察一段时间，问我想不想去。我的眼前迅速地掠过北极熊、海豹、阿拉斯加犬的身影，还有那一大群驯鹿拉着圣诞老人在欢快地奔跑的场景！

北极啊！开玩笑，这么好的机会

谁会错过！我大声回答：“当然要去！”爸爸笑着说，就知道我一定会去的，接着给我列了一份装备清单，叫我照着单子上列的做准备。

我放下电话，迅速地冲了个澡，就赶紧告诉妈妈，我要和爸爸去北极，请她陪我去买一些应该准备的东西。妈妈听了，很担心我不能适应北极寒冷的气候，我生怕她不支持我去，赶紧拍胸脯向她保证：“妈妈啊，您儿子可是久经考验的**小冒险家**了。那么热的沙漠、那么潮的雨林我都顺顺利利地回来了，北极一样能被我征服！”

听了我的保证，妈妈忍不住笑了。哈哈，妈妈果然成功被我说服，带我采购去啦。哇，装备清单上列了好多东西哦！只是大夏天的竟然要我买冬装，感觉怪怪的。

趁妈妈出门了，我把刚刚和妈妈一起买回来的厚厚的**冲锋衣**穿上，然后把空调调到最低温度，想在出发之前给自己做一个**特训**，适应低温。我努力给自己做着心理暗示，在屋子里跑来跑去，想象着自己现在就在冰天雪地的北极，眼前是白茫茫的一片，周围呼呼地刮着大风。

谁知道爸爸提前回来了，一进门就问："臭小子，你在干吗呢？家里怎么那么冷啊？"看到我身上穿着厚厚的衣服，爸爸马上就明白了，大笑起来："哈哈，行啊你，还自己做特训啊！"

“爸爸，我厉害吧！”听见我这样说，爸爸笑得更厉害了。他告诉我，房间里的这个温度和北极比起来，简直是**小巫见大巫**，这样特训是没有意义的，还是多看看北极的资料更有用些。我只好关掉空调，脱下冲锋衣，开始查找北极的资料。刚走两步，我又拍拍自己的脑袋——有爸爸这个现成的资料大全在呢！

我拉着爸爸的手说：“爸爸，你就先告诉我一些北极的情况，还有我们怎么去北极吧！”

爸爸笑着说我是小懒鬼，但还是回答了我。我们要从一个美丽的叫做**格陵兰**的岛出发，然后一路向北极点开进。虽然从没去过那么冷的地方，心里有些**忐忑不安**，不知道自己能不能适应那种寒冷，不过我的心里更多的是兴奋和激动。

哈哈，北极，我来了！

北冰洋的冬季从11月到第二年的4月；春季是5月和6月；夏季是7月和8月；秋季是9月和10月。1月的平均气温为-40～-20℃；最暖月8月的气温也多在8℃以下。所以，考虑到气温和极昼、极夜现象，7月和8月是比较适合去北极探险的时间。

7月2日　星期一　晴

冰天雪地

我们的旅程从**冰岛**开始。爸爸说我们先要在这里和这次旅行的同伴会合，他会在研究基地略做准备后来到这里。然后我们三个再一起坐飞机到**格陵兰岛**，从那里开始正式踏上神奇的北极之旅。

爸爸这次的同伴叫**南努克**，是个很酷的叔叔。他虽然不太高，但是超级

强壮。他的穿着跟我们差不多，可是一看长相就知道他跟我们不一样，他是**因纽特人**。不知道为什么，知道他是因纽特人的时候，我忽然生出了一种肃然起敬的感觉，觉得他们这个民族在那么冷、那么恶劣的环境下都能顽强地生存下来，真是特别厉害。

刚刚到达基地，爸爸就去忙了，让我先跟着南努克叔叔慢慢适应一下寒冷的环境。周围的世界到处都是白色的，我彻彻底底地体会到了课文里描写的**银装素裹**的感觉。

我问南努克叔叔，这个月我们是不是只能看到**白茫茫**的一片？南努克叔叔说，北极地区是有名的冰雪世界，这里的大部分地方大部分时间都是白茫茫的。不过，这个时间正是北极地区的夏天，是这里一年当中最暖和的时候，也是动物最活跃、植物最繁盛的时候，所以，还是可以看到绿色的。可南努克叔叔后面的话，我听着心里就有些不高兴了。他说，估计就是因为现在是夏天，我爸爸才肯带我来，如果赶上冬天，我这小身板肯定会吃不消的。

“这里冬天最冷有多少度啊？”我不服气地问南努克叔叔。

“这里冬天的平均温度是 -30℃左右。”南努克叔叔接着说，“在北极点附近的漂流站，测到过的最低温度是 -59℃哦。”

-59℃！这已经完完全全超出了我能想象的那种冰冷感觉的极限了。在这种温度下会冷成什么样呢？寒冷的天气太可怕了！我脑海里出现了自己被冻成一个冰雕站在寒风中苦苦眺望家乡的悲惨场景，我

北极点指的是地球自转轴的最北端。北极地区指的是北极圈以内的地区。北极地区冬季长达6个月。4月之后气温开始慢慢回升。7月和8月是动物较为活跃、植物较为繁盛的月份。到了9月初，第一场暴风雪就会降临，气温开始转低。11月，北极地区就又回到了寒冷的冬季。

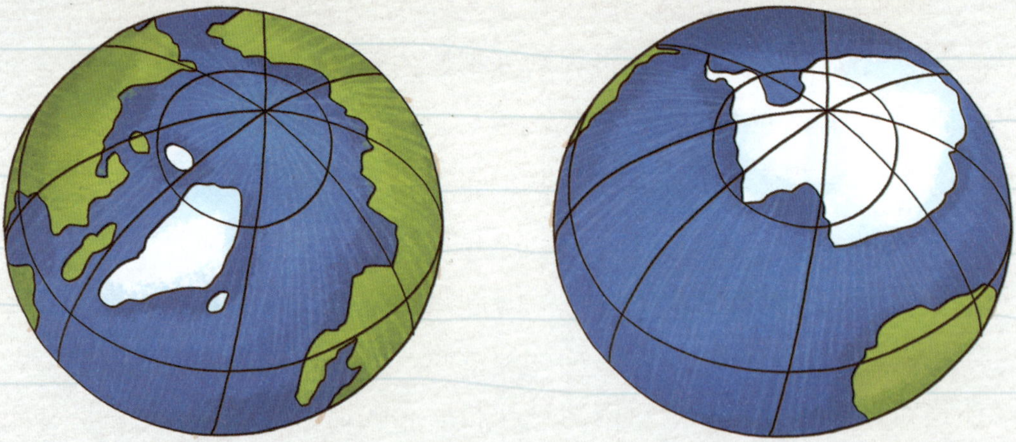

北极　　南极

不由自主地对这次旅行有了一点点担心和害怕。

出发前我问过爸爸，为什么是来北极而不是去南极呢？爸爸让我自己找答案。可是，怎么才能找到答案啊？

趁爸爸不在，我偷偷问了问南努克叔叔。叔叔说南极和北极虽然都属于地球上的极寒地区，可差别还是挺大的。南极是一个四面环海的大陆，上面覆盖着厚厚的冰盖，气温比北极更低，而北极是一个被陆地围绕着的海洋，气温比南极高一些，所以北极地区有人类的**定居点**，而南极地区至今也没有人类的永久居住点，只分布了一些科学考察站。现在是北极一年中最舒适的夏天，可南极和北极的季节刚好相反，南极现在正是最冰冷黑暗的冬天。在这个季节去南极就是对有经验的科考队员和冒险家来说都很艰难，更何况是我这么一只小菜鸟。南努克叔叔说：“这下你明白了吧，你爸爸之所以选择带你来北极，肯定是因为如果带你去南极考察的话，你会更加辛苦的，他怎么舍得啊。”

爸爸真是疼我啊！

冰盖指的是长期覆盖在陆地上的面积大于5万平方千米的冰体，也称大陆冰川。目前，地球上只有南极大陆和格陵兰岛上覆盖着冰盖。南极冰盖约占南极大陆面积的98%，面积约1398万平方千米。格陵兰冰盖约占全岛面积的83%，面积约180万平方千米。

7月3日　星期二　晴

向“雪盲症”说不

今天，在南努克叔叔房间的墙上，我看到一张放大的照片。照片上的人有一张宽大的脸，胡子上结满了冰，这不禁让我想起了电视里报道的美丽的**雾凇**。我看了很久，最后才认出来，原来他就是南努克叔叔。

南努克叔叔真是太酷了！我好奇地追问这么有型的照片是在什么情况下拍的，胡子都结冰了，人肯定都要冻成冰棍了吧。

可是答案出乎我的意料，叔叔说：“不会啊，虽然胡子上有很多冰碴，但身上可是很热的哦，因为之前我在运动。”

“运动？冰天雪地的这是做什么运动啊？”

“哈哈，是参加**北极马拉松比赛**呢！这是我去年参加比赛时的留影。”北极马拉松！听起来就是一个又刺激又帅气的名字，于是我缠着叔叔给我仔细讲讲。

南努克叔叔打开了自己的电脑，找到去年比赛时的照片给我看。冰天雪地中，每个人都穿得严严实实的，看起来跑得一点儿也不轻松啊，感觉跟**太空漫步**似的。最不一样的是，照片上的每个人都戴着大大的眼镜，平时在电视上看其他地方的人跑马拉松，可都不戴这玩意儿。

“为什么要戴上大大的眼镜呢？”我问南努克叔叔。

南努克叔叔下巴一抬，说道：“来吧，小不点儿，叔叔今天给你上一课，好好教你一些**极地生存**的知识。”

我从电脑椅上跳起来，嘟囔道：“什么嘛，不就是冷吗？多穿

反射率指的是物体表面反射太阳光的能力。反射率越高，物体接受的太阳辐射就有越多的部分被反射回去，而雪地的反射率高达95%，所以直视雪地基本就等于直视太阳，视网膜是禁受不住这种强光的刺激的。

就好了，哪里需要上课那么夸张。”

“你这小子一点儿都不虚心，在极寒天气里需要注意的事项多着呢，很多可都是你不知道的，所以先听完再下结论。”哼！那我就听听南努克叔叔能说出什么稀奇的我不知道的事情来。“首先说大眼镜，戴上它是为了对付一种叫‘**雪盲症**’的可怕眼疾。”

“白茫茫的雪地对阳光的**反射率**很高，直视雪地相当于直视太阳光，眼睛会出现刺痛、流泪的症状，甚至暂时失明。”我抢过南努克叔叔的话头，一本正经地说道：“这种症状就叫‘雪盲症’。”

南努克叔叔先是微微一愣，接着不禁露出了赞许的目光，说：“你知道的还不少嘛。”

哼哼！南努克叔叔哪里知道，我这叫“**学以致用**”。我可是和爸爸去了一趟青藏高原，在那里我就知道了"雪盲症"，刚刚只是一时忘记了而已。

不过，至于为什么每一个人都穿得严严实实的，但看上去又不太厚，我就说不上来了，最后还是得请教南努克叔叔。

南努克叔叔告诉我，衣服本身是不会产生热量的，只是把热量保存下来而已。当空气层的厚度超过 1.5 厘米的时候，**空气对流**就会加大，热量反而会散失得更快，衣服的保暖性也跟着下降了。所以，最重要的是科学地选择衣料，选择那些**防风又保暖**的才行，而不是穿得越厚越好。不要认为把自己穿得像北极熊一样，就能抵御北极的风雪了。

我低头看看自己身上的衣服，暗自庆幸是按爸爸的要求买的。要是我自己去挑选，来到这里就不一定实用啦！

在极地地区，穿衣服一定不能穿得太紧，尤其是鞋袜，因为穿得太紧会影响人体正常的血液循环，那是很危险的。也不要在雪地里站着不动，要经常用手掌摩擦脸部，抖抖身体。进行户外活动之前，最好在脸上和手上搽抹一些防冻油膏。

极地防寒套装

7月5日　星期四　晴

绿色土地

终于出发挺进格陵兰了，我真是迫不及待啊。

第一次知道格陵兰，是在上地理课的时候。这个美丽的名字很特殊，我一下就记住了，总觉得它该是一个梦中仙境般的小岛。如今真正来到格陵兰，我才发现自己错了，而且错得离谱。格陵兰是世界第一大岛屿，还是除了南极洲以外唯一覆盖着**大陆冰川**的地区。虽然与我想象中的仙境很不一样，但是刚一踏上这片土地，我就深深喜欢上这个地方了。

南努克叔叔的家就在这里，在他的盛情邀请下，我和爸爸去他家借宿。一路上我都欢天喜地、蹦蹦跳跳的，想着自己马上就能住进传说中的**雪屋**了。临到门口才发现，原来叔叔家是一幢小木屋。不仅仅是南努克叔叔家，其他的房子也是如此，这里一间雪屋都没有，清一色的尖顶小木屋打破了我之前美妙的幻想。

我那一脸失望的表情全被南努克叔叔瞧在眼里，他开玩笑说：“对不起了，小家伙，不过住木屋可不是我的错，我们已经是现代人啦。”

见我还是一脸失落的表情，爸爸也安慰道：“小文，你小子别这样嘛，我们一定会找机会让你住住雪屋的。”我的心情这才稍微平复了一点。

吃了饭，叔叔说带我去四处逛逛，看看格陵兰到底和我想象中有哪些不一样。小镇上的小木屋**五颜六色**，在白雪的映衬下，整个小镇仿佛一个童话世界。不过，这里一年四季都白茫茫的，很难见到绿色，如果真让我一直生活在这里，我觉得还是有点难熬。

镇子里比我想象中热闹很多，不止有当地人，还能看到很多不同肤色的人。南努克叔叔说，格陵兰对很多想了解北极、欣赏北极风光的游客来说是很好的选择，也是向北极点进发的最佳地点之一。

格陵兰是世界上最大的岛屿，面积约216.6万平方千米。全岛大部分位于北极圈以内，有83%的地面是被厚厚的冰层覆盖着的。不过好在北纬70°以南的西南岸和南端沿岸地区属于极地苔原气候，生长着极地特有的苔原植物，也算是冰雪中的绿洲了。

南努克叔叔带我来到一个港口，但又卖关子不告诉我要去干什么。难道第一天来就要带我去抓海豹？那也太刺激了吧！事实证明，是我想象力太丰富了。不过叔叔揭晓的答案还是很让人兴奋，因为叔叔是要带我去看**伊路利萨特冰湾**。

由于前期功课做得不好，我对伊路利萨特冰湾一点了解都没有。经过南努克叔叔的讲解，我才知道，这个冰湾也叫冰峡湾，它是冰川谷地被海水淹没而形成的狭长、水深、两岸陡峭的海湾。南努克叔叔说，伊路利萨特冰湾有很独特的风光，非常值得一去。

我们租了一艘小艇就出发了。南努克叔叔自己驾驶小艇，他在我心里的形象真是一天比一天高大，真是全能啊！我正暗下决心要向他学习，眼前忽然出现很多漂浮的大冰块，哇，好酷！越往里行进，冰块就越多，还有漂浮的冰山，大大小小，数都数不清。在阳光下，这些冰山反射出耀眼的光芒，我连忙拿出护眼镜戴上。

正看得愣神，南努克叔叔让我赶快看前方。哇！一块巨大的冰从远处的冰山上突然裂开，“轰”的一声掉进海里，溅起了巨大的水花。我**连呼过瘾**，可南努克叔叔却摇着头喃喃自语：“唉，融化的速度真是越来越快了……”

伊路利萨特冰湾景观相当独特，于2004年被列入世界自然遗产名录。不过，随着全球变暖现象越来越严重，伊路利萨特冰湾海域的结冰期越来越短，冰雪融化的速度也越来越快了。

7月6日　星期五　阴

好矮好矮的植物

爸爸跟我说过，每次看到新奇的事物，别只是看看就忘在脑后了，他能做的是努力带我多看，而我自己呢，应该努力多想，想什么并不重要，**天马行空**都可以，重要的是，要学会独立思考。

昨天晚上吃饭的时候，我忽然想到一个问题，南努克叔叔说格陵兰岛超过80%的地面都被厚厚的**冰层**覆盖着，那剩下的近20%是什么样的呢？看到爸爸赞许的笑容，我知道我进步了。嘿嘿！

南努克叔叔也当即决定，在爸爸需要工作的今天，由他带我去见识一下没有被冰层覆盖的格陵兰。我心想，那些地方不会是**光秃秃**的一片，什么也没有吧，那可就没什么好看的了！

今天，在去的路上，我迷迷糊糊睡着了，等南努克叔叔叫醒我的时候，眼前的景色居然和睡前完全不一样了。

“怎么样？这里好，还是我家那边好啊？”南努克叔叔问我。

我已经彻底清醒了，这地方虽然和我想象中的光秃秃不完全一样，但是也相差不到哪儿去——地上薄薄地覆盖着一层半青半黄的草，这样的景象在我心里可没法和美丽的冰川和冰湾相比。可是，南努克叔叔说，我们现在所处的地方是格陵兰的**苔原地带**，这里的精彩风景需要我仔细发掘。

苔原也叫冻原，是一种生长在极端恶劣环境下的生物群落，由地衣、苔藓、小灌木等低矮植被组成，大部分围绕着北冰洋分布。由于苔原覆盖的地区多是永久性冻土，只有上面浅浅的土壤层会在夏季的时候融化，而且夏季太过于短促，所以苔原地区不可能生长需要深扎根的高大植物。

跟着南努克叔叔一路走走看看，我惊讶地发现，这看似荒芜的苔原居然孕育了许多美丽的色彩。我还发现，这里的植物大都紧贴着地面**匍匐生长**。南努克叔叔解释说，这是它们生长的法宝，这里太寒冷了，这样生长是为了**防风和保暖**。而且苔原土壤的垂直排水能力很差，所以它们的根几乎是被淹没在水里的，氧气和营养都不充足，生长极其缓慢，有些甚至一年只能长几毫米。

现在是北极最温暖的季节，也是苔原植物最开心的日子，所以我有幸看到了它们**欣欣向荣**的样子。它们趁着夏季的阳光，拼命地吸收营养生长，尽管它们个子不高，但志气还是很高的。

后来，我还看到了鲜花，我从来没有想到，在北极，在如此寒冷的北极，居然能看到这些。看到花的时候，我还以为自己眼花了呢，等用手摸了摸那朵红红的长得像笑脸的小花后，才敢确认

是真的。生命真是**神奇**，不管是干得抓狂的沙漠，还是冷得要死的极地，总会有生物顽强地生存下来。

苔原上各色的花有一个共同的特点，它们大部分都是向着太阳开花的。也是，要是我一直在这冷冰冰的地方生活，太阳也一定会是我最大的安慰吧。

回来的路上，有几只老鼠正急急往洞里钻。南努克叔叔说，那就是著名的**旅鼠**，它们的胃口特别大，一只那么小的旅鼠一年就能吃掉45千克左右的植物，简直就是收割机。它们还超级能生小旅鼠，这为北极动物提供了美食，尤其是北极狐和雪鸮。要是没有旅鼠，这些北极动物很有可能因食物匮乏而死亡。看来食物链的任何一环都很重要！

北极狐，又名蓝狐、白狐，是北极草原的主人，有“雪地精灵”的美誉。体小，肥胖，腿短，全身绒毛多而密，非常耐寒，可以在-50℃的冰原上生活，以旅鼠、鱼、鸟类、鸟蛋等为食。

7月7日　星期六　晴

天生的猎手

今天我问了南努克叔叔一个愚蠢的问题，到现在想起来都还觉得这个问题真是愚蠢。不对，愚蠢的不是问题，是我！

事情是这样的：南努克叔叔家的客厅里挂着一个巨大的**驯鹿头标本**，我问他，这是买来的吗？他说不是，那是他爸爸年轻的时候打猎的收获。我不禁想起一个问题来，问道："爸爸说你是因纽特人，那你们和爱斯基摩人有什么区别啊？镇上住的是因纽特人还是爱斯基摩人呢？是不是要到更冷、更靠近北极点的地方才能看到住在雪屋的爱斯基摩人啊？"

南努克叔叔先是愣了一下，接着大笑了起来："傻孩子，知识储备太不过关哦。我们因纽特人，就是爱斯基摩人啊。"

"呃，什么？因纽特人就是爱斯基摩人？那为什么你们的民族有两个名字？"

"来来来，我给你讲讲我们这个民族的故事吧。"南努克叔叔说。

南努克叔叔说的故事是这样的：一万多年前，他们的祖先不远万里从亚洲到了美洲，可那时美洲已经是**印第安人**的天下了。印第安人不欢迎外来者，于是就对他们的祖先进行围堵和攻击，还把他们的祖先叫做“**爱斯基摩人**”，意思是“吃生肉的人”。“爱斯基摩人”一边打一边退，一直退到寒冷的北极圈里。印第安人觉得这一群人肯定会被冻死在这里，就不再追杀了。他们没有料到，“爱斯基摩人”有着顽强的生命力和惊人的生存能力，一代一代地在这冰天雪地里繁衍生息，并在这里扎下了根。

听叔叔说完，

我不禁想象起他们的祖先过的日子，原始社会生活条件极差，要在这样恶劣的自然条件下生存下来，究竟要克服多少困难，经历多少危险啊！真是太不容易了！

不过南努克叔叔说，虽然很多人都觉得生活在北极这种冰天雪地里是很艰苦的，可他们世世代代都生活在这里，已经习惯了，而且其实极地有很多其他地方没法享受到的生活方式和乐趣，现代科技也让他们的生活条件越来越好，所以即使有其他的选择，他还是会选择一辈子都留在这里的。

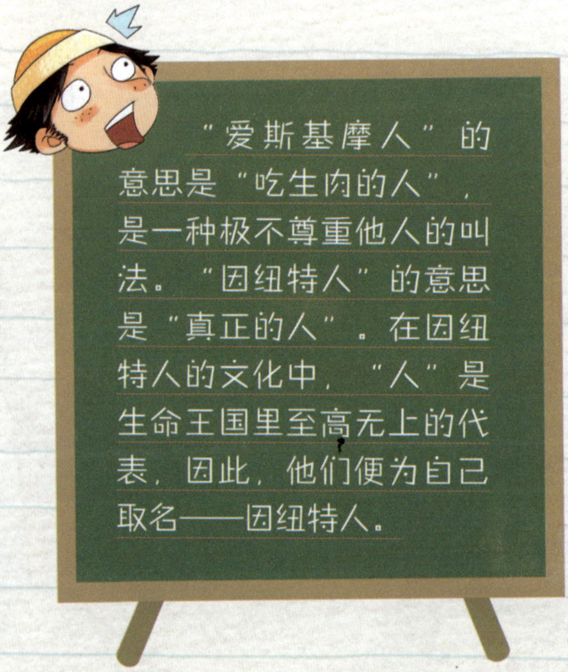

知道了因纽特人的故事之后，我发誓，从此再也不把“因纽特人”叫成“爱斯基摩人”了。南努克叔叔高兴地夸我是个懂事又体贴的好孩子，还拿了好多和因纽特人有关的书和画册给我看。

粗略地翻看一阵后，我得出的最大的结论就是，不管过去还是现在，因纽特人都是超级厉害的无敌猎手！因为不管是文字、绘图，还是纪实性的照片，不管是讲述哪个时代的故事，都不乏描绘强壮的因纽特人拿着各种武器捕猎各种动物的场景。他们的捕猎对象很多，我能认出来的有鲸、北极熊、海豹、驯鹿，还有鱼和鸟……

最让我兴奋的是，南努克叔叔的弟弟努尔森叔叔后来打来了一个

电话，说他明天要去**猎海豹**，如果我不怕的话就邀请我一起去。怕是什么？怎么会怕？我兴奋得简直想跳舞，看来今晚我要失眠了！

因纽特人世世代代以狩猎为生，而且个个都是狩猎高手。在格陵兰北部，一般情况下，因纽特人会在春夏之交猎取海豹，6~8月打鸟和捕鱼，9月猎捕驯鹿。

7月8日　星期日　晴

极地惊险打猎

今天我起了个大早，比爸爸和南努克叔叔起得都早。

打开行李箱，我从一大堆衣服里**精挑细选**了一身，然后拿着南努克叔叔客厅里的一根装饰品鱼叉，在镜子面前反复比画该怎么握鱼叉才更帅。

忽然，爸爸踏进客厅，看见我这个样子顿时大笑起来："南努克，你快来看，小文**走火入魔**了！" 我吓了一大跳，刚想"批评"爸爸几句，门口就响起了汽车喇叭声，是南努克叔叔的弟弟努尔森叔叔来接我们了。于是，我"大人不记小人过"，放过了爸爸。

到了港口，我们换乘了一艘小**汽艇**。努尔森叔叔说，现在条件好了，大部分家庭都有汽艇了，小时候他们的父辈带他们去猎海豹的时候，都是一人一艘小皮划艇呢。我在脑海里想象了一下自己划着皮划艇用鱼叉叉住一只大海豹的样子，忍不住咧着嘴笑了出来。南努克叔叔朝爸爸努努嘴说："我敢跟你打赌，小文绝对在做白日梦，而且肯定梦见自己是个**超级英雄猎手**，正在猎海豹。"三个大人都大笑起来，真是气死我了，我才不跟他们一般见识，哼！

其实当南努克叔叔兄弟俩往艇上一站，我立刻就觉得自己不管穿什么都暗淡无光了，他们那种天生的猎手气质真是挡都挡不住，就是我想象中的那么威风的自己，都比不上他们的风采啊！

低头看见艇上放着的工具，有大渔叉，有渔网，有绳子，还有好几块白布，我兴奋地又蹦又跳。爸爸赶紧叫我停下来，说，再跳的话

海豹是一种肉食性水生哺乳动物，身体肥胖而圆，以鱼类为主食，兼食贝类。海豹大部分时间生活在海里，体形呈纺锤状，极善游泳。海豹在世界各大洋都有分布，在北半球寒带海域多，在南极和温带海域少。

汽艇都要被我踩“哭”了。也许是作为对我的“惩罚”吧，当我问努尔森叔叔白布是干什么用的时候，他卖关子说到时候我就知道了。

努尔森叔叔负责指挥今天的猎海豹行动。他是猎手，我是观众。南努克叔叔和爸爸是我的保镖。看我有些沮丧，爸爸对我说，海豹十分警惕，经验不足的猎人很容易**打草惊蛇**，今天让我来一是要我好好见识怎么猎海豹，二来也能培养培养我的定力，不是很好吗？爸爸一说完，我很快又一次兴奋起来。

猎人真是天生好眼神，没多久，只听努尔森叔叔轻喊了一声：“有了！”可是我什么也没有看见。南努克叔叔指着很远的前方让我仔细看。呃，我就只看到一个小黑点啊！

努尔森叔叔也不管那么多了，赶紧给我们一人发了一块大白布，自己拿起渔叉渔网，一马当先跳下汽艇。他**蹑手蹑脚**走在前面，我学着他的样子用白布当盾牌挡住自己，

也慢慢跟着往前移动。

南努克叔叔悄悄在我耳边说：“海豹的警惕性高，但眼神不是很好。用白布做掩护可以让它更难察觉到我们。”我忽然紧张起来，手居然有些微微发抖。看着努尔森叔叔像猎豹一样**矫捷**，我暗暗告诫自己尽量不要弄出声音来。

忽然，努尔森叔叔卧倒一滚，还把白布铺在身上，使身体和冰面融为一体，我们也马上照做。原来海豹往我们这边看了一眼。天啊！我之前怎么会天真地以为自己有本事抓到海豹呢？为了不惊动海豹，一旁的南努克叔叔让我们在能看得清海豹的范围内原地停下，并伪装好自己。

努尔森叔叔继续前进，走走停停，很快就逼近海豹了。只见努尔森叔叔一个大力投掷，渔叉正中海豹，受伤的海豹惊叫着跳进水里想要逃跑，努尔森叔叔闪电般冲上去撒网罩住了海豹，我跳起来奔过去和他一起拽住渔网，终于把海豹拉了上来。

天哪，真是太紧张、太刺激了！

冬季海面冰封的时候，猎海豹需要换一种方式：通过寻找海豹在冰面从下而上撞出的呼吸孔来确认海豹的位置，然后用守株待兔的方式集体狩猎或者撒网狩猎。但是，海豹的种群数量正在急剧下降，所以即使是为了生存，也要适量捕猎。

7月10日 星期二 多云

圣诞老人的使者

每逢爸爸有工作要忙的日子，南努克叔叔总会像魔术师一样带给我惊喜。

我以为今天没什么活动，就在房里给妈妈写信。忽然，我听见外面有人喊：“小文小朋友在吗？小文小朋友？”

奇怪了，谁喊我？我才来这里没多久，没多

少人认识我啊。开门一看，我当场“石化”，不是吧，**圣诞老人**！驯鹿雪橇！找我的？

只见圣诞老人笑眯眯地从他的大袋子里掏出一个礼物盒，然后对我说：“你是小文吧？这是你妈妈托我送给你的礼物，她说她很想你，希望你继续享受旅行，增长见识。”

我梦游般接过礼物，妈妈，呜呜，我好想您啊。可是这圣诞老人到底哪儿来的？看着老人家笑眯眯的那张脸，我瞬间明白了，上前一把抓住他的大胡子：“南努克叔叔！是你是你！”

“哈哈哈——”南努克叔叔恢复他爽朗的笑声，摘掉那把雪白的大胡子和火红的圣诞帽，“怎么样，像不像啊？我可是精心打扮的哦。”

“这一身装扮真是太帅了！但是，你怎么想起扮圣诞老人呢？**圣诞节**还早嘛！”

南努克叔叔跳下雪橇，拉我往前走了几步说：“我可是专门来带你坐**驯鹿雪橇**的哦。”

驯鹿也叫角鹿，是一种经常出现在美丽的童话故事中象征美好和幸福的动物。驯鹿体长100～125厘米，肩高100～120厘米，最明显的外观特征是长有分枝繁复的角。在人们的印象中，圣诞老人就是乘着驯鹿拉的雪橇给孩子们送礼物的。

“哇，太棒太棒太棒了！”

几只驯鹿拉着雪橇静静地站在屋前。一直以来，我只在童话故事里听到过驯鹿。现在终于有机会近距离打量驯鹿了。我前前后后仔仔细细地观察它们的长相，它们的眼神特别温柔，真的好像天生就是人类的朋友。驯鹿的个头不小，头上有一对树枝一样巨大的**犄角**，特别好看。我轻轻地摸了摸领头那只大驯鹿的头，脑海中浮现出它们在平安夜拉着圣诞老人**从天而降**的情景，真是梦幻极了。

南努克叔叔说：“快别幻想了，上来，咱们出去转一圈。”我跳上雪橇，南努克叔叔一抖缰绳，驯鹿们便奔跑了起来。

驯鹿拉车很文雅也很轻盈，我觉得它们简直就是脚不沾地。南努克叔叔说，在现代化交通工具还没有发明以前，在极地，驯鹿雪橇是

最重要的交通工具之一。就算现在雪地摩托很普及了，很多人运货送物还是喜欢用驯鹿，它们拉雪橇是最平稳的。而且其实驯鹿的奔跑速度是很快的，刚生下来的小鹿，只需要两三天就能跟着妈妈一起赶路了。一个星期过后，它们就能和妈妈一样跑得飞快。

乖乖，真是“**鹿不可貌相**”啊！

驯鹿的蹄子很大，掌面宽阔，中央裂线很深，特别适于在雪地和崎岖不平的道路上行走，因此驯鹿雪橇一直是极地十分重要的交通工具。驯鹿广泛分布于欧亚大陆、北美大陆北部。在中国的大兴安岭西北坡，驯鹿也有分布。中国北方的鄂温克族用它牵引交通运输工具。

7月11日　星期三　晴

遇见欧若拉女神

出来这些天，也和妈妈通过几次电话，可是不知怎么回事，这两天我觉得特别想她。于是，吃过午饭后，我决定把最近的经历画成一幅画，寄给妈妈。

爸爸又去忙了，所以画好了之后，我只好请南努克叔叔带我去寄信。他仔仔细细把我的大作研究了一番，说道："有些我看懂了，有些实在没看懂。这是什么啊？"

我撇撇嘴："我猎到的海豹啊。"

"你什么时候猎到海豹了？吹牛大王。好好，就算你猎到了，那这个又是什么啊？"

"你啊，这是你带我坐驯鹿雪橇啊。"

“什么？我？你怎么把我画得这么丑！”

“谁让你扮成圣诞老人骗我啊，既然如此，当然只能画成这样喽。”

“那上面这个又是什么啊？”

听到南努克叔叔的这个问题，我难掩失望的表情：“这是我想象中的极光。唉，可惜看不到，只能想象一下。”

“谁说夏天就一定看不到极光啊，小家伙，看来你这次来之前做的功课真是不够足哦！”听这话里的意思，难道……我心中的希望之火被重新点燃了。原来极光在夏天并不是不会产生，而是因为黑夜太短，天空也不够黑，极光特别不容易被察觉。所以，想要看到极光，还得靠运气。还有，南努克叔叔说什么在太阳活动多的年份，极光会出现得比较多，等等。不过这个解释起来比较复杂，南努克叔叔直接说我就不用多了解了。真是太“体谅”我了！

极光的英文是aurora，音译为“欧若拉”，是一种绚丽多彩的发光现象。在地球上，这种现象只出现在南极和北极附近地区的上空，在南极的叫南极光，在北极的叫北极光。产生极光需要3个条件：大气、磁场和高能带电粒子。也许这并不好理解，那么，就把极光当做大自然送给人类的美丽礼物吧。

说起来，我的运气还真不是一般的好呢！

南努克叔叔真是够朋友，我正睡得香，他就来叫我了：“快出来快出来，极光出现了，不知道能持续多久，快啊！”

我以自己都难以置信的速度冲到空地，抬头寻找——天很晴，有星星，接着，一条蓝绿色的光带出现在我眼前。光芒不强烈，和杂志上看到的那种**绚丽夺目**的极光照片差别很大，但是我敢断定，就是它！极光！我终于幸运地和它相遇了！

这道极光像一根长长的丝带飘在空中，飘逸又游离，好像随时会消失一样。尽管它不够绚烂，也不够耀眼，但这神奇的自然现象还是让我觉得特别激动。跟着爸爸到处旅行，虽然挺辛苦的，但是每当遇到这样的时刻，我就觉得一切辛苦都是值得的。

旁边有个阿姨居然激动得**热泪盈眶**。

爸爸说，能看到极光是大自然的眷顾，全凭运气，他们的考察团里有些人来北极很多次了，一次都没有看到。南努克叔叔笑着说：“小文，你要感谢你妈妈哦，看样子是下午你为她画的极光带给你好运的。”

对着极光我默默念道：妈妈，我爱您！

极光的颜色多种多样，常见的有白色、绿色、紫蓝色、粉红色，也会出现红绿相间的组合。不过总体来说，极光是一种微弱的发光现象，大多数时候还没有星光强烈，电视和杂志上那些夺目的照片是相机长时间曝光之后的效果，现实中的极光并没有那么绚丽。

7月12日　星期四　晴

哥们儿，你慢点

我们终于要正式向北极点进发了！为了让我印象深刻，爸爸特地选择了我梦寐以求的交通工具——**狗拉雪橇**。

虽然只有一小段路可以感受雪橇犬的魅力，但这也够让我高兴的了。我不解地问南努克叔叔，镇子里基本上每家都养了很多只雪橇犬，为什么他没有养呢？南努克叔叔说："当然养了。雪橇犬对我们因纽特人来说可不是宠物，它们是我们最忠实的朋友。我因为经常外出，不方便照顾，所以我的这些朋友都生活在我弟弟家里呢。”

到了努尔森叔叔家的时候，他已经把雪橇犬套好，**整装待发**了。我数了数，每个雪橇由 10 只狗拉着，一共 20 只！看得出来它们很喜欢拉着雪橇出去玩，全都一副活蹦乱跳的样子，好像迫不及待想要出发。

努尔森叔叔说：“这些大家伙已经疯够了，咱们可以出发了。”我很疑惑地问爸爸：“怎么还没出发就说它们疯够了？”爸爸告诉我，雪橇犬的性格特别活泼，野性十足，一般在出发之前，都会让它们自己去雪地上玩耍一下，等它们发泄了疯劲再起程，以保证驾驶途中的安全。原来它们都是**精力过剩型**的啊，哈哈。

雪橇犬长得很像狼，所以虽然我对它们很感兴趣，但一直不太敢靠近。在努尔森叔叔的引导下，我走到最后面的一只看起来比较和善的雪橇犬面前，伸手摸了摸它。它用那双湖蓝色的眼睛

友好地看着我，还主动蹭了蹭我的手。

雪橇犬的毛有两层，非常厚实，尤其是里面那层，特别**细密**，像羊毛似的，还有点滑腻的感觉。南努克叔叔说，这些大家伙，哪怕是-60℃的天气，只要在雪地上刨个小坑就能睡了。哇，果然天生就适合冰天雪地啊！

伴随着雪橇犬兴奋的嚎叫，我们出发了。我和爸爸坐南努克叔叔

雪橇犬的品种一般有哈士奇、阿拉斯加雪橇犬和萨摩耶三种。它们都属大型犬，身体健壮，耐力超强，性格忠实而活泼，并且都极其耐寒。除了能拉雪橇、驮东西外，它们还是猎人狩猎时的好帮手。

雪橇犬

驾驶的雪橇，努尔森叔叔驾驶的雪橇专门装载行李。南努克叔叔一放开缰绳，雪橇犬们便如离弦的箭般冲了出去。

爸爸让我仔细观察雪橇犬行进中的表现，问我有没有看出什么门道来。雪橇犬的**挽绳**是套在胸部的，它们排成两列快乐地奔跑着。慢慢地，我发现，南努克叔叔总是给最前面那只叫“山姆”的犬发指令，山姆做什么，其他犬也会跟着做。哦，原来山姆是队长！爸爸说每一

队的队长都需要**精心挑选**。它们需要有领袖风范，能带领大家朝着同一个目的地前进，能按照主人的指令行动，还要能激励团体的精神。队长旁边或后面的那只是后备队长，它们属于未来的领袖，目前处于学习期。其他的雪橇犬要服从队长指挥，能出力，能吃苦。

搞笑的是，原来管理这么一个小团队也是有技巧的，合不来的雪橇犬在编队形的时候是不能放在一起的，甚至不能放在相邻的架次，不然它们有可能打架。哈哈，原来它们还会**闹矛盾**，真是一群可爱的家伙呀！

7月13日　星期五　多云

冰雪堡垒

今天是这次旅行中唯一一次需要在外**露营**的一天。

其实本来不用露营，可南努克叔叔说我好不容易来一次，应该感受一下。他还决定一展身手，盖一个雪屋让我睡一夜。我真是太喜欢他了！

不得不说，南努克叔叔在我心中的形象越来越高大了，他简直就是我的偶像。他和爸爸一样在生物学研究方面很有成绩，同时他又像一个万能的电影男主角，外形威猛，打猎彪悍，还会训练雪橇犬，真是样样在行，现在又要一个人盖房子。我真是钦佩得**五体投地**！

我们先在雪地上寻找合适的露营地点。在一块开阔平地的中间，南努克叔叔仔细试了试地上的雪，然后说：“好，就这里了。”我问他为什么，他说盖雪屋的地方不是随意选定的，要确定下面没有冰层和空气。

选好了地方，我们就开工了。南努克叔叔让我在雪地上画一个大圆圈，确定我们要盖的三人间的大小。我一挥铁锹，很快就画了一个大圆圈。结果，爸爸说我画得一点都不圆，明明就是一个椭圆，要是按照这样的基准盖房子的话，房子一定会塌的。我惭愧极了。

终于，我又重新画好了一个圆圈，南努克叔叔站进圈里，就地取材，切起了**雪砖**。他一边切，一边给我讲解：“盖雪屋的关键，是把雪砖一块一块摆成圆圈，并呈螺旋上升的样式。

因为雪屋是不用任何辅助材料，单纯用雪砖搭建起来的，所以切雪砖的时候要注意角度。”

砌雪屋的时候，我看见雪砖内侧果真都有一定的弧度，而且一层比一层略倾斜。到第四层的时候，南努克叔叔忽然增加了雪砖的倾斜度，

开始封顶。将最后一块雪砖砌好后，南努克叔叔还在屋顶上开了一个通气孔。叔叔说那是为了避免屋内过热而导致**雪砖融化**。

忽然，我发现有些不对，环视了一下雪屋，不由得吓了一跳。咦，怎么没有留门呢？我和南努克叔叔彻底被封在雪屋里了，这下可糟了！可南努克叔叔似乎一点儿也不担心，只见他把铲子一挥，很快就挖了一个**雪下通道**，从屋里一直通到屋外。

“这就是门啊？”我一脸惊讶地问。

“哈哈，是啊，这样才保温哦。冷空气不会直接吹进屋里，热空气会在屋里聚集，这样我们就能安心地睡个好觉了。不过，我今天只盖了一个简易的雪屋，反正只住一晚嘛。”

我嘟囔着：“但愿不是豆腐渣工程，千万不要睡到半夜塌了哦。”

南努克叔叔大笑起来：“小文，咱们打个赌吧，你现在站到屋顶上跳个舞，要是雪屋塌了，就算我输！”看到南努克叔叔这么信心十足，我想我还是不要打这个赌了。

晚上，我们用海豹油点起了一盏小灯，把睡袋铺在用雪堆成的床上，哈哈，感觉真好。我很兴奋，赶紧去外面看了看：矮矮的雪屋因灯光而变得像个灯笼，在茫茫雪地里十分醒目。

回到雪屋里，虽然里面只有一盏昏黄的小灯，但我一点也不觉得冷，反而觉得很暖和，于是我把日记本摆在腿上，写起日记来。

到了夏季，雪屋就不能长期住了。温度高的时候，屋顶有可能会融化而塌下来，所以到了暖季，有些因纽特人会把雪屋的屋顶改成皮革的或者帆布的，还有些干脆离开雪屋，用石块和土重新盖个房子。

7月14日　星期六　晴

速度与激情

今天写这篇日记时，我特别感慨——我有一个好爸爸。

每次跟着爸爸一起出来，我都会拖延爸爸的工作进度。爸爸为了让我增长见识，总是想尽各种办法为我设计内容丰富的路线和尽可能多的活动。我明白他的良苦用心，也真的因此**受益匪浅**。

这不，这次爸爸为了我，又更换了交通工具。其实雪橇并不是现在这个季节的最佳交通工具，也会耽误我们行程的进度。这一切可都是为了我啊！

当我正为自己拖累大家而**内疚不已**时，南努克叔叔突然喊："小文，快来看，我保证你会喜欢这家伙！"

凭直觉，我

知道，肯定是有好东西登场了。

开门一看，哇，**雪地摩托**！这可是那种007特工骑的雪地摩托呀！它静静地立在雪地里，浑身上下散发着一种王者气息，我一眼就被它征服了。光是想象自己骑在上面的样子，我都觉得自己帅呆了！

爸爸说今天一天我们都要骑这种雪地摩托赶路。哈哈哈，叫我如何不激动！不过，也许真是物极必反，兴奋过头了总会有遗憾，虽然今天的交通工具是雪地摩托，但爸爸和南努克叔叔是骑手，我只是一名小小的乘客。

唉，为什么受歧视的总是我！

南努克叔叔潇洒地靠在摩托车旁边问我：“你爸爸开得稳，我开得快，你坐谁的车呀？”我迅速跳上南努克叔叔的摩托车后座，以行动表示我坚定的选择。

雪地摩托是极地地区最方便的现代交通工具之一。它速度快，易掌握，驾驶娴熟的话，雪地摩托的速度能达到普通小汽车的速度，大大节省了极地地区人们的出行时间，当地人出行很喜欢选择这种交通工具。

南努克叔叔开得真快啊！摩托车在他的操控下好像变成了一只雪地里的野兔，我们在旷野中**一路狂奔**，遇到小雪坡直接一个跳跃。我简直忍不住要叫出声来，但又怕被南努克叔叔笑话，只好故作镇定。

谁知道南努克叔叔大概看出了我的害怕，在行驶到又一个雪坡的时候，居然在空中来了个转弯甩尾，我觉得我们的摩托车倾斜角度应该已经超过 45° 了，我全身僵硬，不敢睁眼，死死抓住叔叔的衣服，这哪里是坐摩托车嘛，明明是在飞。哼，不过我还是没有尖叫。

坐雪地摩托真是挺冷的，今天我特意加了衣服，摩托手套和头盔也全都戴上了，可是摩托车一冲出去，我就觉得冷

风直往毛孔里钻。我想，要是一直这样长途飞驰，等到晚上，我们绝对会变成冰人！

后来，在我的再三央求下，南努克叔叔终于让我**过了一把瘾**。这当然是在非常空旷的地方，南努克叔叔也在一旁照看着我，毕竟我的年纪太小了。但那感觉还真是一般人想象不到的棒。蓝天白云，皑皑白雪，我自由驰骋，瞬间便找到了一种电影男主角的感觉，好像整个世界都在等我去拯救似的！

雪地摩托虽然很好掌握，但如果要独自驾驶或长途驾驶，必须要有执照。就算没有专门的雪地摩托驾驶执照，最起码也要有汽车驾照，证明你有驾驶经验。

7月15日　星期日　多云

梦见“泰坦尼克”号

如果要票选“北极之王”，我不选北极熊，也不选北极狼，因为今天我见到了一种超级北极“巨兽”——**破冰船**。

爸爸说，登上破冰船，我们只需要在温暖的房间里聊聊天，到甲板上欣赏一下风光，几天后就能到达神秘的北极点了。原来，去**北极点**并不像我想得那么艰辛，需要自己长途跋涉！

不过，由于行程问题，我们并不是从港口登船的，而是爸爸与船长威尔逊爷爷沟通好路线后，我们在他们的行进途中乘**直升机**登船的。是的，破冰船上还有直升机！这没有什么好奇怪的，我目测了一下这“巨兽”，它可不比我想象中的航母小

多少！

放下行李后，爸爸带我去**拜访**船长威尔逊爷爷。他胡子花白，看着特别亲切。

“欢迎你啊，小文。你爸爸每次来都会提起你，你终于圆了自己的北极梦了，哈哈哈！”威尔逊爷爷话音未落，船身就很剧烈地颠簸了一下，我不由得有点紧张。

爸爸解释说，我们中途上船，直接就进入海冰区了，没有慢慢适应的时间。常年跟着爸爸到处走，我可没那么胆小，只是太突然而已。于是，我主动提出要到甲板上看看破冰船是怎样破开巨大的冰块的。

威尔逊爷爷说：“破冰船主要是靠强大的动力冲上冰面，使冰面在船身的巨大重力下裂开。所以破冰船的船身一定要够坚固，动力要够强大，

破冰船

破冰船的船身宽而短，底部首尾上翘，是一种借船体重力和动能等破碎冰层，开辟航道或者引导舰船在冰区航行的特殊船只。早期的破冰船以煤为燃料，续航能力和动力都非常有限。1957年，苏联将核动力运用到破冰船上，从此破冰船就可以凭借强大的动力长期在海上航行了。1千克铀的核能就相当于2500吨煤燃烧产生的能量哦。

船壳的形状要够完美，不能让碎冰损伤螺旋桨。”

路过餐厅的时候，一只灯泡忽然掉在地板上摔碎了，吓了大家一跳。检查后发现，原来是固定灯泡的螺丝因为长期的摇晃而松动了。这时，船上的机械师叔叔来找威尔逊爷爷，请他将船停一会儿，威尔逊爷爷就去忙了。

我急急忙忙地跑到甲板上，想去看看为什么要停船，但是船身太大太高了，我看不到机械师叔叔在下面干什么。等他上来之后，我追着问他：“叔叔，叔叔，你刚才干什么去了啊？咱们的船出故障了吗？有没有危险啊？”

叔叔笑着说：“放心吧，小朋友，我们的船很结实，不会轻易出问题。刚才我去加固防水环上那些巨大的螺丝了，它们被安装在螺旋桨传动轴外面，必须定期检查是不是松动了，这样才能保证航行安全。”

坐破冰船最不适应的就是它的**颠簸**，我感觉自己走在甲板上像喝醉了酒似的。虽然我没喝过酒，但是看到大人喝醉了走起路来就是这个样子啦。爸爸说其实我们这次航行不算颠簸，现在是北极的夏季，浮冰不算多，要是冬天来，我可能真的会一路晕船直到北极点！

睡午觉的时候，我梦见自己身处**“泰坦尼克”号**上，而且正在甲板上看着远处的风景。忽然，一座巨大的冰山出现在眼前，它哈哈大笑着喊道：“我代表北极消灭你们！”紧接着便听到“轰”的一声巨响，船沉了，我一下就被甩进了冰冷的海水里。我一边扑腾，一边大声向爸爸呼救。

在冰海中行驶十分危险，要随时观察海上的情况，并注意船的安全状况，保证船的零部件不出任何故障，即使是乘坐强大的核动力破冰船，也一样不能掉以轻心。

这时，我感觉有人在使劲摇晃我：“小文，你醒醒，做噩梦了吧？”睁开眼睛一看，是爸爸，原来我还好好地躺在船上。船啊，求求你，不要一直颠簸了，否则这几天我岂不是要一直做噩梦了吗？

7月17日　星期二　多云

我终于看到北极熊了

冰山，冰山，还是冰山，这让我不禁回想起之前那段的沙漠，沙漠，还是沙漠的日子。

在极冷或者极热的恶劣自然环境中，景色相对来说比较单一，但也会给人一种开阔而

壮观的感觉。作为一个有追求的人，我不畏严寒，一直痴痴地站在甲板上**四处张望**，甚至连爸爸用烤肉来诱惑我，我都坚持没有进房间去。

后来，南努克叔叔被我的真诚打动了，出来问我："小文，在你变成冰雕之前可不可以留个话，你是为什么而牺牲的？"

"南努克叔叔，你就爱开我玩笑。我穿得这么暖和，不会变冰雕的。至于我为什么这么执着，你猜呢？"

"这有什么好猜的嘛，就冲你昨天专门找出那件有**北极熊**图案的毛衣来穿，我就知道你在找北极熊嘛。"原来我的痴心这么明显！唉，可北极熊怎么还没有被我打动呢，都三天了，连个影子也没有见到！

正说着，威尔逊爷爷跑出来对我喊道："小文，到甲板另一边去，有你想看的东西哦！"

"啊，北极熊！"我以百米冲刺的速度冲了过去。

在一片茫茫冰面上，一个大白点正在缓慢地移动着，近了，近了，我终于和北极熊相见了。它真是个**庞然大物**，看到我们的船也不害怕，还停下来张望。咦，这时我突然发现，原来不是一只，有个小不点一直走在大熊的身侧，刚才角度不对，没看到它。哇，是北极熊母子！

熊妈妈停下脚步盯着我们乘坐的北极“巨兽”，小熊藏在妈妈身后探出脑袋好奇地看着我们。

有那么一刻，我觉得我和熊妈妈**四目相对**了。它的目光好像在对我说：“嗨，小文，你是在等我吗？”那一瞬间，我有一种想跳下船去找它的冲动。当然，我不会真的做这么愚蠢的事情！

小熊探头探脑间，我发现它有一只耳朵在流血呢。爸爸说刚才一定是有别的北极熊想欺负小熊，熊妈妈奋起反抗，保护着小熊一起脱险了。动物和人类在很多方面是一样的，孩子遇到危险时父母会拼命保护它。

北极熊，也叫白熊，是目前世界上最大的陆地食肉动物。雄性体长2.2～2.5米，体重平均约410千克。北极熊的头部、耳朵、尾巴都较小，而且有非常厚的皮下脂肪层，这些体貌特征能帮助北极熊减少热量散失，隔绝严寒，适应北极寒冷的环境。

“熊迷，我考考你，那只北极熊是什么颜色的？”爸爸问我。

“当然是白色的了。不过，估计它很久没清理皮毛了，毛都有点发黄了呢。”

我问爸爸这是什么原因，他说发黄是由于空气的氧化造成的。可爸爸又说，北极熊的皮肤是黑色的。这也太令人感到意外了。

北极熊数量日渐减少，已被列入世界濒危物种，目前只有大约2万只。除了之前人类的过度猎杀外，全球变暖使得北极浮冰融化加剧，北极熊的家园遭到破坏，也是北极熊数量减少的一个重要原因。

“这是为什么呢？”我问。

“北极熊厚厚的毛与冰雪同色，都是白色的，这便于伪装自己。我想，这一点，你是知道的。”爸爸顿了顿，接着说道，“可是，小文，你知道吗，北极熊的毛是中空的，这样阳光就能很好地照射到它们的皮肤上，而黑色的皮肤可以更好地吸收热量。”

我看看自己，又看看那只**优哉游哉**的北极熊，然后大声向它喊道：“嗨，熊妈妈，从适者生存的角度，和你相比，我们人类可是输在起跑线上了。你真厉害！”

7月18日　星期三　晴

北极的东南西北

我曾经几次梦到过到达北极点时的情景：骑着雪地摩托飞驰，突然一个急刹停下来，然后摆出一个英勇的姿势；自己背着巨大的**行囊**在大雪中艰难地走到目的地，最后一段路还是靠爬的；最多的还是我和爸爸乘着雪橇到达北极点，我们和雪橇犬一起欢呼雀跃。

正当我还幻想着这三种情景的时候，爸爸对我说：“小文，别发呆了，现在已经是中午了，再过一会儿就要到达北极点了，赶紧穿好外套准备下船。”

穿好了外套，我和爸爸一起来到了船头的甲板上。没多久，全船的人都来到了甲板上。我们大家激动地等待着，就在这个时候，威尔逊爷爷大声喊道：“停船！后退！”

为什么是后退呢？南努克叔叔说，这是为了能准确地让船驶过北纬 90° 0′ 0″ 的那个位置，很多船要尝试许多次才能成功。

啊？以前我以为北极点是个固定的点，插着旗子，静静地在那里等待来看它的人。现在才知道，原来，因为冰面的运动，北极点从来都不是冰面上的一个固定的点，要到了附近依靠经纬度**现场测量**呢！

没多久，威尔逊爷爷用兴奋的声音再次喊道：“成功，我们到了！”

话音刚落，所有的人都欢呼了起来，威尔逊爷爷也拉响了汽笛，破冰船和大家一起分享着喜悦。

船上的人有的和爸爸一样，是因为工作来到北极点，也有的是来旅行的，对他们来说，这可能是一生中唯一一次来到北极点。所以每次破冰船到达北极点，大家都会在船上举行一系列的庆祝活动。

因为爸爸和南努克叔叔要去做实验，所以我只好一个人登上观光直升机。

从飞机上鸟瞰，北极点和其他地方没有任何不同，威尔逊爷爷在一块比较稳定的大冰块上插了一根象征北极点的标杆。那就是我们这一船人辛苦颠簸这些天的目标啊！望着茫茫冰面上的这一点，没有人不感到激动。

北极点是地球表面最北的点。站在这个点上，你不再需要使用通常意义上的“上北下南，左西右东”来辨别方向，因为你的前后左右都是南方。要是在北极点上转一圈，就相当于“环球一周”；要是跳过来跳过去，你便一会儿去了昨天，一会儿又回到了今天。

下了直升机，我们又在威尔逊爷爷的带领下，围绕着象征北极点的标杆站成一个大圆圈。大家首先用一分钟的时间为世界和平和环境保护祈祷，并许下美好的愿望，然后手拉手围着标杆走了一圈，接着就开始了我觉得最有意义的活动——**投掷“时间胶囊”**。

这个“胶囊”是昨天发给大家的，发“胶囊”的叔叔说，等我们到了北极点，就把这个承载自己愿望的“胶囊”投入深深的北冰洋中去。“胶囊”其实是一个密封的小金属桶，不过，这种金属可不同寻常，科学家可以用它制成的容器把核废料密封起来投入海底。

我要往自己的“时间胶囊”里放点什么呢？思来想去，我把去年我和爸爸妈妈照的**全家福**放了进去，并在背面写了：爸爸妈妈，我爱你们。地球，我爱你。愿我们都好！

庆祝活动中还有一个很特殊的项目——**在北冰洋游泳**。今天水温是-2℃。威尔逊爷爷鼓励大家勇敢一点，这可是一生中难得的机会。看着大家纷纷下水，我头脑一热，没征求爸爸的意见，拴着保险绳就跳下水了。太冷了，彻骨的冷啊，瞬间我就觉得全身麻了！我还尝到了北冰洋咸咸的海水，那味道让我一下就觉得冷得值得啊！

以前北极探险是一项危险的活动，科学家在充分准备的情况下还是要以身涉险才有可能找到北极点。不过现在有了破冰船，去北极点一游已经不是什么难事了，只要准备充分，普通人也可以轻松到达北极点。

寻找企鹅

我又闹大笑话了，又丢人了。现在我都还把自己关在房间里，不好意思出去。小文，你怎么这么没常识啊，作为一个生物学家的儿子，又是同学们眼中的小天才，怎么能犯这么低级的错误？呜呜，我现在觉得很没面子！

这还要从午饭后说起。吃过午饭，我就去甲板散步，一来是为了促进消化，二来也想看看今天又能与什么动物相遇。看着我期待的眼神，爸爸都不忍心了：“小文，你到底想看到什么动物啊？”

我还是痴痴地望着前面：“就是我心目中排名前三的小绅士呗！”

爸爸一下笑了起来，我和南努克叔叔都不明所以地盯着他，同时问道："你笑什么啊？"

爸爸**故作神秘**地对南努克叔叔说："你猜他想看什么？"

南努克叔叔像是明白了什么似的，说："不会吧，他不知道吗？"

爸爸很努力地想忍住笑，但还是没忍住："我也不知道他居然不知道。"

什么跟什么嘛，他们到底在笑什么呀！我大叫起来："不就是想看企鹅吗？你们干吗笑成这样！"

南努克叔叔忽然爆笑出来："堂堂生物学博士的儿子想在北极看企鹅，哈哈哈哈哈！"

我**丈二和尚摸不着头脑**，我说错什么了呢？这时，爸爸的话就像一颗炸弹在我耳边引爆了："小文，你不知道只有南极才有企鹅，北极是没有的吗？"

什么！北极没有企鹅，而我居然一直都不知道！

当时甲板上不止爸爸、南努克叔叔和我三个人，好几个听到我们说话的叔叔都忍不住笑了起来。我的脸当时就红得像火鸡一样了，地缝啊，地缝在哪里！

唉，你说这丢不丢人！

企鹅因其可爱的外表在人类世界拥有众多粉丝，它们是不会飞的鸟，也是世界上最不怕冷的鸟，能在-60℃的冰天雪地自在地生活。它们的一生约有一半时间生活在海里，一半时间生活在陆上。

仔细回想起来，其实每次听别人说起企鹅都是说“南极的企鹅如何如何”，没人说过“北极的企鹅如何如何”，但我一直认为，这不过是因为企鹅在南极的数量和种类占优势，却没想到北极根本就没有企鹅。

都是极地天气，温度也都差不多，居然就那么邪门，一只企鹅都没有？爸爸告诉我，企鹅的祖先是在赤

道以南的地区慢慢发展起来的。后来，可能是因为赤道那里的天气太热，水温也高，它们没有办法渡过赤道向北发展，所以就沿着南极冰雪融化而成的水域，来到了南极。

“那为什么你们不尝试把企鹅带到北极来生活呢？”我天真地问。

爸爸说，其实南极是最适合企鹅生活的地方。虽然到了北极，它们一样能适应气候，但是北极有很多大型食肉动物，尤其是有很多它们的天敌——海豹。而生活在南极就不同了，虽然也有海豹在海里虎视眈眈，但相比北极而言，南极要安全得多。

我想象了一下企鹅被北极熊和海豹叼在嘴里的血腥场面，实在太残忍了，我心中的**优雅小绅士**不能遭受这种折磨。企鹅，你们真是一群聪明可爱的小家伙，选择了最适合你们生活的地方，我没白欣赏你们！

在南太平洋中，寒暖流交汇搅动海洋中的营养物质上浮，吸引了大量的磷虾和鱼类，这为企鹅提供了丰富的食物。冰雪高原形成的天然屏障，使大部分想南迁的动物望而却步，当然也阻断了捕食者的迁移，这为企鹅提供了安全的生息之地。因此，南极成了企鹅的天堂。

7月20日　星期五　晴

它不是鱼啦

坐船的日子对我这种“**不安分**”的孩子来说，多多少少还是有一点枯燥的。

幸好，爸爸允许我去甲板，于是我就总跑到甲板上东张西望，期待着能看到什么稀奇的动物。不过话说回来，要是回回都能看到，那也就不稀奇了。虽然途中遇到过北极霸主北极熊，也曾有鸟儿飞过，但是在这冰天雪地的北极地区，看到动物的概率还是很低的。

我正站在甲板上“深沉地”思考着人生，爸爸来叫我吃饭了。转身要走的时候，我突然听到了什么声音，这一看不得了，远处海面上出现了一个好高的喷泉，喷泉最下方好像有个小艇似的。

仔细一看，呀，浮上来一条巨大的“鱼”！

“鲸鱼！鲸鱼！”我高呼起来，“酷毙了！”

听到我的喊声，南努克叔叔也出来了。那**庞然大物**可能是看到了我们的船，不一会儿就慢慢潜下去了。我睁大眼睛使劲搜索，可找了半天也不见它的身影。我叹了一口气：“唉，好可惜哦！好不容易遇到鲸鱼，它却只是**昙花一现**，还是吃饭去吧。”

吃饭的时候，我忍不住向爸爸打听：“爸爸，你多给我讲讲鲸鱼的知识吧。”

“好啊，不过我要先纠正你刚才犯的一个大错误哦。”爸爸说。

“什么错误？我不过看了一会儿鲸鱼而已！”

“就是这个错误，鲸不是鱼啦。”南努克叔叔说道。

“它不是鱼？它会游泳，还能潜水，还不是鱼？”我有些迷糊。

爸爸仔细给我解释，鲸虽然生活在水里，有适应水生环境的**特殊生理构造**，但它没有腮，是用肺呼吸的，而且鲸是胎生动物，这都是哺乳动物独有的特征，所以鲸鱼不是鱼。

鲸是海洋中最大的哺乳动物，也是世界上最大的哺乳动物。目前发现的最大的鲸约重160吨，它的嘴的宽度可以同时容纳10余名成年人自由进入。鲸之所以能生活在水里，是因为它们的肺里有很多极富弹性的毛细血管，可以让它们在水面上换一次气后潜泳10~45分钟。

我忽然发现南努克叔叔的项链吊坠就是鲸的形状，于是就问他：“南努克叔叔，因纽特人是不是很喜欢鲸啊？”

“聪明。是的。鲸是上苍赐给我们因纽特人的礼物，可以说我们的生活、我们的文化，都与鲸密不可分。”

“我想不明白，为什么会是鲸呢？”

南努克叔叔说，从前，鲸是因纽特人最主要的食物之一。北极没有战争，也没有瘟疫，但有更可怕的——**饥荒**。那时候一旦捕不到鲸，全村人都可能被饿死。鲸是庞然大物，捕鲸的过程很艰难，但很少有

鲸会激烈反抗，它们就像怕因纽特人会饿死一样主动奉献自己。因此因纽特人也爱护鲸，捕鲸时绝不乱捅，不让它们遭受不必要的痛苦。因纽特人对鲸也从不滥捕滥杀，总是捕到够吃即止。

每次捕到鲸带回村里，大家首先要给鲸洗个澡，把它的全身冲洗干净，因为鲸在水里向来是干干净净的。祈祷过后才开始分鲸。分鲸从来都是全村落范围的活动，是鲸教给了因纽特人分享与无私。

鲸的**奉献精神**，带给因纽特人的是深入骨髓的影响，鲸是他们善良宽容的导师。因纽特人和鲸的故事深深感动了我，我想，人与动物之间，要是总这么和谐相处，那该多好啊！

由于过度的商业捕鲸活动，一些种类的鲸的数量锐减，有些种类甚至濒危。国际捕鲸委员会已经下令禁止大部分捕鲸活动。不过鉴于因纽特人与鲸之间的特殊关系，仍然准许他们每年捕杀一定数量的鲸。

7月21日　星期六　晴

它很丑，也不温柔

我最近棋艺大涨，嘿嘿，想不想知道原因呢？

经过这几天和威尔逊爷爷**东拉西扯**地闲聊，我们已经混得很熟了，最大的方便就是我再也不用在甲板上痴痴地守望了，一有稀奇动物出现，威尔逊爷爷一定会第一时间通知我，于是我就有时间专心修炼棋艺。

之前和爸爸下棋，他总会时不时让我赢一盘，就算不赢我，一般也不会让我输得太惨。南努克叔叔就不一样了，他的理论是要让我知道这个社会是残酷的，必须

拿出自己的实力来公平竞争，要是失败了，就要学会接受自己有所不足的事实。

这还挺管用的，第一次他把我“杀”得落花流水的时候，我心里别提有多难受了，我可从没输得那么惨过，我这才知道原来自己的棋艺那么差。不过，我可不是弱者，我一定要奋起直追，于是缠着爸爸向他请教，并事先声明不准故意让我。所以，几天下来，我的棋艺就大有进步了。

为了“雪耻”，我今天特意找南努克叔叔下棋。可是，厮杀得正惨烈的时候，就听到威尔逊爷爷在广播里叫我了：“小文，请到船头甲板。”

我二话不说，直接冲了出去，南努克叔叔在后面喊：“你耍赖，知道自己快要输了，就又把棋盘弄翻！”顾不得这些了，继续冲吧！

来到船头甲板上，只见远处有一大块浮冰，浮冰上有几个黑点，太远了，具体是什么动物还看不出来。

近了！近了！呃，这是什么啊？也太丑了吧！外形

和海豹差不多，但是十分**肥硕**，而且那皮肤啊，粗糙程度不亚于大象和犀牛。眼睛小就算了，还通红通红的，像喝多了一样，再加上那一对长长的**獠牙**，往那儿一趴实在是影响北极的整体形象。

没想到我还没说什么呢，人家看到我，反而挺不高兴的，一副被打扰的表情，纷纷滑入水中。就在它们快要消失的时候，我一下子反应过来了：啊，是**海象**！

“哟，你还认出它们来了啊。”南努克叔叔在我背后说。

“不是我说它们，看遍整个北极，它们也算是丑到无敌手了。”

海象身体巨大，眼小，长着一对长长的獠牙，喜欢群居，经常几十几百只聚在一起。它们虽然看起来很笨重，可在水下非常灵活，游起泳来跟小舰艇似的，又稳又快。

南努克叔叔哈哈大笑：“其实吧，海象样子是丑了点，但通常都很友善，只有被骚扰了才会发出怒吼。不过你也别小看了它们，一只真正被激怒的海象甚至敢袭击一艘大船。”

我心想，不会吧，这可不是闹着玩儿的……

南努克叔叔接着说：“海象的那对獠牙很厉害，不光是挖掘贝类食物的工具，必要的时候，那还是极富杀伤力的攻击性武器，就算是北极熊，遇到成年的公海象，也不敢轻易发起攻击。更何况海象喜欢

群居，要是它们‘**群殴**’北极熊，北极熊可能就……要不然海象怎么敢在光天化日之下那么悠闲地躺在冰面上晒太阳啊。”

听到这里，我不禁打了一个寒战，这么凶猛，居然还说它们友善！万一遇到海象，我一定躲着走！

不过，南努克叔叔又说：“虽然海象长得丑，打架凶，可是它们特别团结，如果有同伴受伤，其他海象不管是否有危险一定会上前帮忙，这是它们的**集体精神**，即使会一起遇难，也不会退缩。”

好吧，我承认，丑丑的海象，你最终还是感动了我。

和鲸一样，海象也是哺乳动物。它们虽然长得难看，但个个都是潜水能手，可以潜入水下500米，滞留2小时，有的海象更是可以潜入海底1500米的深处。

7月22日　星期日　晴

令人恋恋不舍的鸟岛

昨天下午，我们终于结束了船上的旅程。重返陆地，真好！大海虽然美丽，但我还是更喜欢陆地。

今天一早，我**神清气爽**地去找爸爸：“今天要去什么地方啊，爸爸？”

“咦，你这么早就起来了？看到你昨天打蔫儿的样子，我本打算今天让你在基地休息一天。不过看你这生龙活虎的样子，不如等会儿跟我们一起去**鸟岛**吧。”

鸟岛？它和我6月份在中国青海看到的鸟岛有什么不同呢？北极的鸟，会不会跟其他地方的鸟长得不一样呢？

在路上，爸爸对我进行了一番科普：北极地区有120多种鸟类，大部分都是候鸟。北半球有将近1/6的鸟类会选择来北极生小宝宝，更有12种勇敢不怕冷的会留在北极过冬。

“说起来，北极以前也是有‘企鹅’

的呢。”爸爸说。

“什么，北极有企鹅？那上次你和南努克叔叔为什么要笑话我？”我一听这话就激动了。

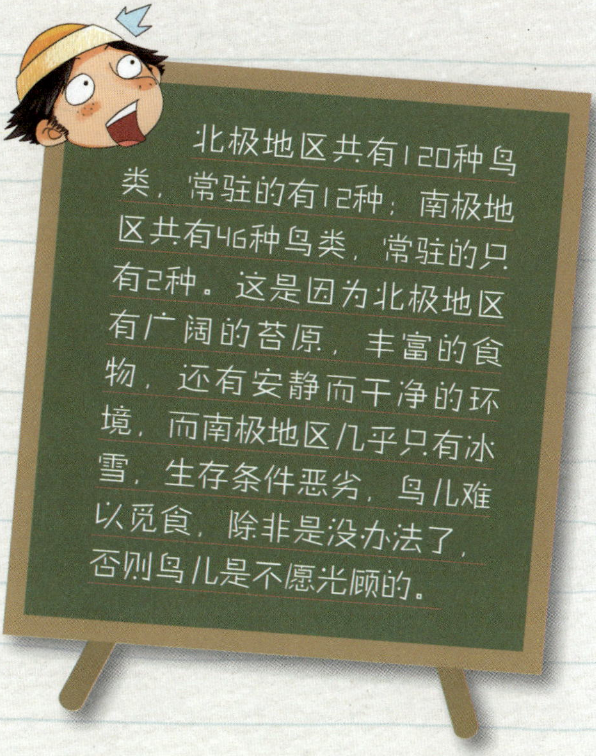

“你就是性子急，先听我说完。北极以前有一种**大海雀**，长得和企鹅非常像，它们也有黑白的体色，直立的站姿，走起路来很笨拙，一扭一扭的，所以有人叫它们‘北极大企鹅’。其实它们并不是企鹅，也不是企鹅的亲戚，应该算是海鸥的亲戚吧。可是，它们的命运就悲惨了，16 世纪，欧洲人发现了它们，然后便开始了残酷的商业捕杀，到了 19 世纪，这些可怜的‘大企鹅’就灭绝了。从此人们只有在图片上才能看到它们，怀念它们。”

唉！人类残忍起来，真是什么猛兽都比不上啊！

虽然鸟岛是一个很小很普通的岛屿，可一下船，我就看到几只白色的大鸟从头顶掠过，快得根本来不及看清它们长什么样。可能它们感觉到我们没有恶意，过了一会儿，居然又飞回来了。

这回我可看清楚了，这是一种雪白雪白的大鸟，头顶是黑色的，嘴巴和爪子是鲜亮的红色，尾巴还像**燕尾服**一样是分叉的，特别醒目。它们的速度很快，一眨眼工夫又飞走了。我大喊：“爸爸，刚才那是什么鸟？”

爸爸不知道在那边忙什么，说他没看到。我形容了它们的样子，爸爸告诉我那是**北极燕鸥**。它们是全球迁徙距离最长的鸟，从出生开始，每年秋天，它们都从北极飞往南极，在处于极昼期的南极过冬，到了春天，它们又开始飞往北极，在处于极昼期的北极度夏。可以说，它们是永远生活在光明中的鸟。

最让我佩服的是小北极燕鸥。它们的爸爸妈妈**不远万里**从南极飞来北极，就是为了生小宝宝，而这些小宝宝破壳而出没多久就到秋天了，它们要跟着爸爸妈妈一起从北极飞到南极

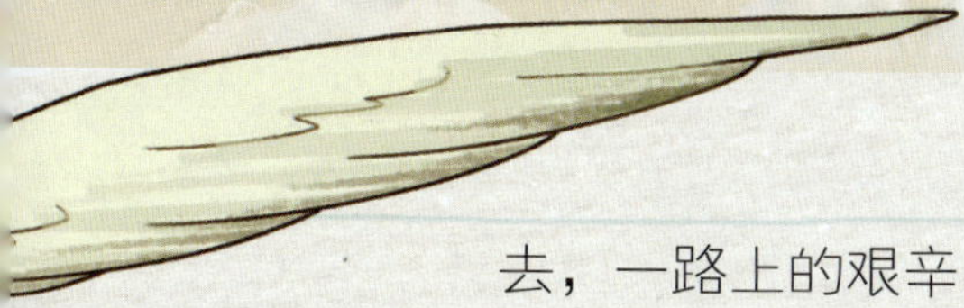

去，一路上的艰辛，这些小宝宝究竟是怎么克服的呀？

因为现在刚好是北极鸟类最多的季节，所以一上午的工夫，我就认识了北极燕鸥、**三趾鸥**、象牙鸥等各种名字稀奇、长相各异的鸟。这当中，就数三趾鸥最好辨认，因为一般鸥类都有四个趾头，而三趾鸥的后趾已经退化，只有三个趾头。

一想到这些候鸟都是不远万里不怕辛苦飞到这里的，我就打心底里佩服它们。由于爸爸下午还有其他工作，中午我们就不得不离开鸟岛。真舍不得呀，美丽的鸟岛！

根据迁徙习性，鸟类可以分为留鸟、候鸟和迷鸟三种。留鸟常年居住在出生地；候鸟有迁徙行为，每年按固定路线往返于繁殖地和越冬地之间，辛苦而执着；迷鸟由于自然原因，偏离了原先的迁徙路线，出现在了其他地区。

7月23日 星期一 晴

拜托大家，保护北极

每一次旅行结束前，我总免不了会有一些**伤感**。

来到一个陌生又新奇的地方，怀着兴奋的心情作一次美妙的旅行，走的时候，得到的是美好的回忆和更多的见识，这是一

件非常棒的事！

这次极地之旅，我又一次**眼界大开**。我看到了一直惦记的北极熊，和“圣诞老人”同乘了驯鹿雪橇，

更亲身参与了打猎，驾驶了雪地摩托……最最让我兴奋的是，能有多少人敢自豪地说，“我到过世界上最最最北，北得不能再北的地方，转一圈就相当于环游世界一周的地方”？！

经过这一次旅行，我更佩服爸爸他们这些做研究的人了，他们总是比一般人看得长远。我记得，当我从飞机上看到格陵兰冰盖上大大小小、星罗棋布的蓝色湖泊时，感到的是惊讶；可从爸爸眼里，我却看到了深深的担忧。当我们的破冰船所向披靡全速行进的时候，我感到的是威风；可从爸爸眼里，我看到的还是担忧……

一开始我并不明白为什么看到那么美丽的景色爸爸还是眉头紧锁，可一路上的见闻让我亲身感受到了什么叫冰雪消融，也渐渐明白了爸爸担忧的原因。在这严峻的环境下，我也深刻理解了那个抽象的“**温室效应**”。

爸爸说他第一次踏上北极时，北极的路可没这么好走，有很多**浮冰挡路**。可是现在，一到夏天，很多海域的海面上

已经没有浮冰了。即使有，也比以前薄了不少，在破冰船的撞击下，它们很容易就破碎了，很多都是前一季冬天才结冻的新冰。

格陵兰岛的冰盖面积约180万平方千米，平均厚度约1500米，最厚的地方有3400米。所以，如果有一天这块大冰盖完全融化了，整个地球的海平面将上升7米，到时候，有些海拔低的国家和地区将被淹没而不复存在。

我问爸爸，浮冰夏天化了，只要冬天能再冻起来不就行了吗？是不是担心得太多了？爸爸说，虽然到了冬天，很多地方还会重新冻结，但是由于**全球气温的上升**，有些地方压根就不再结冰了，北极地区冰雪融化的速度比重新冻结的速度要快，冰川正以前所未有的速度流失消融，美丽的格陵兰冰盖正以越来越快的速度变薄变小……如果形势一直以这样的速度恶化下去的话，在不久的将来，我们要面临的可不是再也看不到北极叹为观止的美景这么简单的情形，北极冰雪的消融，对人类生活环境影响是巨大的。如果北极冰雪全部消融，海平面将大大上升，海水将淹没那些海拔低的国家和地区。

为什么每到一个地方，在感受它的美丽的同时，总会留有这么多的遗憾呢？

爸爸教了我一个新名词，叫“**蝴蝶效应**”。一只蝴蝶在热带扇一下翅膀，就可能导致一个遥远的国家遭遇一场飓风。我们夏天把空调调低 1℃，北极可能就会多一座融化的冰山。

等我回到家后，我一定要少开空调，我一定不能让美丽的北极冰川消失！

再见了北极，我一定会再回来看你的。对着美丽的冰山，我许下心愿，愿下次再来的时候，北极变得更加寒冷，有更多的冰山不再融化！

本书通过四川一览文化传播广告有限公司代理，经成都铁皮人科技有限公司授权出版中文简体字版本

图书在版编目（CIP）数据

从马达加斯加到冰川极地 / 铁皮人科技编著. —福州：福建科学技术出版社，2018. 6
ISBN 978-7-5335-5609-9

Ⅰ. ①从… Ⅱ. ①铁… Ⅲ. ①科学知识—儿童读物
Ⅳ. ①Z228.1

中国版本图书馆CIP数据核字(2018)第075276号

书　名	**从马达加斯加到冰川极地** CONG MADAJIASIJIA DAO BINGCHUANJIDI
编　著	铁皮人科技
出版发行	海峡出版发行集团 福建科学技术出版社
社　址	福州市东水路76号（邮编350001）
网　址	www.fjstp.com
经　销	福建新华发行（集团）有限责任公司
印　刷	福州德安彩色印刷有限公司
开　本	700毫米×1000毫米 1/16
印　张	10.5
图　文	168码
版　次	2018年6月第1版
印　次	2018年6月第1次印刷
书　号	ISBN 978-7-5335-5609-9
定　价	23.00元

书中如有印装质量问题，可直接向本社调换